KB029297

다수를
위한
소수의 희생은
정당
한가
?

다수를 위한 소수의 희생은 정당한가?

제1판 제1쇄 발행일 2016년 7월 12일
제1판 제12쇄 발행일 2024년 6월 1일

글 _ 표창원, 오인영, 선우현, 이희수, 고병헌
기획 _ 인권연대, 책도둑(박정훈, 박정식, 김민호)
디자인 _ 채홍디자인
펴낸이 _ 김은지
펴낸곳 _ 철수와영희
등록번호 _ 제319-2005-42호
주소 _ 서울시 마포구 월드컵로 65, 302호(망원동, 양경회관)
전화 _ (02)332-0815
팩스 _ (02)6003-1958
전자우편 _ chulsu815@hanmail.net

ⓒ 인권연대, 2016
* 이 책에 실린 내용 일부나 전부를 다른 곳에 쓰려면 반드시 저작권자와 철수와영희 모두한테서 동의를 받아야 합니다.
* 잘못된 책은 출판사나 처음 산 곳에서 바꾸어 줍니다.

ISBN 978-89-93463-92-7 03300

철수와영희 출판사는 '어린이' 철수와 영희, '어른' 철수와 영희에게
도움 되는 책을 펴내기 위해 노력합니다.

다수를 위한 소수의 희생은 정당한가?

인권이 해답이다

기획

인권연대

글

표창원

오인영

선우현

이희수

고병헌

철수와영희

머리말

인권을 말하다

이 책은 고병헌, 선우현, 오인영, 이희수, 표창원 선생님 등 다섯 분이 참여해서 만들었습니다.* 모두 관련 분야에서 뛰어난 연구와 강의 경력을 자랑하는 분들입니다. 한자리에 모시기 어려울 만큼 바쁜 분들이기도 합니다.

이 책은 폭력, 민주주의, 철학, 세계, 평화 등의 주제를 다루고 있습니다. 벌써 무겁고 또 지루할 거라 여기는 분들도 있을 겁니다. 하지만 바로 이 대목에 이 책의 특별한 장점이 있습니다.

중요하지만 무거워 보이는 주제, 그렇다고 짐짓 모른 체하기 어려운 주제들을 다섯 분의 전문가들이 쉽게 풀어주고 있습니다. 마치 바로 옆에서 함께 차 한 잔 나누며 재미있는 이야기를 들려주는 입담 좋은 선생님처럼 말이지요. 관련 분야에 전문성이 없거나 부족하다고 느끼는 분, 관심은 있었지만 엄두가 나지 않아 공부해본 적이 없는 분들도 쉽게 이해할 수 있습니다. 쉽다고 논점이 흐려지

* 인권연대에서 2015년 겨울과 여름에 진행한 '인권교육 직무연수'의 주요 강의를 묶었다.

거나 핵심을 빠트리는 일도 없습니다.

이 책의 저자로 참여하신 다섯 분의 선생님들은 활발한 활동을 하는 실천적 지식인으로서 여러 지역에서, 서로 다른 직업에 종사하는 많은 시민들을 일상적으로 만나왔습니다. 학생들은 물론, 교도소의 수용자부터 노동자, 농민, 그리고 지역 주민에 이르기까지 다양한 분들과의 경험이 이 책에 녹아 있습니다.

다섯 분이 각자의 전문 분야를 통해 각기 다른 말씀을 들려주신 것 같지만, 실은 인권이란 주제로 말씀을 모아주고 계십니다.

고병헌 선생님은 교육학자입니다. 교육이 어떤 역할을 수행해야 하는지, 무엇을 위한 교육이어야 하는지에 대해 늘 새롭게 일깨워주는 분입니다. 평화가 삶의 중요한 원리가 될 수 있도록 평화 이야기를 들려주실 겁니다.

선우현 선생님은 선생님의 선생님입니다. 교사 지망생들에게 철학, 곧 어떻게 생각해야 하는지, 나아가 어떻게 살아야 하는지를 일깨워주는 분입니다. 선우현 선생님 덕분에 막연하게 또는 어렵게만 느꼈던 철학이 힘들 때 기댈 수 있는 소중한 친구처럼 여겨질 겁니다.

오인영 선생님은 역사학자입니다. 서양사를 공부하셨고, 민주주의와 인권을 지키고 발전시키기 위한 공부와 여러 실천 활동을 해온 분입니다. 평소에는 쉽게 지나치는 우리 사회의 핵심적 질문에 대해 풍성한 이야기를 들려주실 겁니다.

이희수 선생님은 삶의 이력에 언제나 '최초'라는 말이 따라붙는 분입니다. 한국인으로 처음으로 터키에서 대학교수를 지낸 분이고, 연구 분야에서도 선구자 역할을 한 분입니다. 여전히 낯설기만 한 이슬람 세계를 이해하면서, 세계를 보는 눈을 키워주실 겁니다.

표창원 선생님은 지금은 국회의원이지만, 원래 경찰학자였습니다. 폭력 문제에 깊은 관심을 갖고, 다양한 활동을 벌인 분입니다. 다양한 폭력 상황을 분석하며, 어떻게 해야 우리 모두 폭력의 악순환에서 벗어날 수 있을지에 대해 들려주실 겁니다.

운 좋게도 저는 이 다섯 분의 선생님들을 만나면서 많은 것을 배울 수 있었습니다. 이분들을 모시고 다양한 교육 활동도 함께 진행해볼 수 있었습니다. 그러면서 지식은 물론 배움에 대한 자세를 배울 수 있었습니다. 왜 공부해야 하는지, 왜 책을 읽어야 하는지, 독자들께서도 틀림없이 느낄 수 있을 것입니다.

매번 부탁만 드리는데도 언제나 흔쾌히 화답해주시고, 늘 격려를 아끼지 않으시는 고병헌, 선우현, 오인영, 이희수, 표창원 선생님께 깊이 감사드립니다. 무엇보다 그 귀한 가르침에 감사드립니다.

그리고 여러 교육 활동이나 출판 활동은 물론, 인권연대의 다양한 활동의 근거가 되어주시는 인권연대 회원들께도 진심으로 감사드립니다.

오창익 (인권연대 사무국장) 드림

차례

1강

나는 왜 너를 괴롭히는가?

표창원

다수를 위한 소수의 희생은 정당한가?

표창원

국내 최초의 '프로파일러'로 각종 범죄자들의 심리를 날카롭게 분석하는 것으로 유명하다. 영국 엑시터대학교에서 경찰학 박사학위를 받았다. 미국 샘휴스턴주립대학교 형사사법대학 초빙교수, 경찰청 강력범죄 분석팀(VICAT) 자문위원, 법무연수원 범죄학 및 범죄심리학 강사, 아시아 경찰학회장, 20대 국회의원 등을 역임했다. 쓴 책으로는 『숨겨진 심리학』, 『정의의 적들』, 『공범들의 도시』, 『한국의 연쇄살인』, 『왜 나는 범죄를 공부하는가』 등이 있다.

안녕하십니까? 만나서 반갑습니다.

오늘 제가 말씀드릴 주제는 폭력입니다. 요즘 방송이나 언론 보도를 보면 끔찍한 사건들이 많지 않습니까? 상식적으로 이해하기 어려운 일들이 계속 발생합니다. 사람들은 궁금해하지요. 도대체 이런 일이 왜 생기는 걸까? 저런 일을 저지르는 사람들의 심리는 뭘까? 오늘 이 문제에 대해서 여러분과 함께 이야기를 나눠보겠습니다. 최근 며칠 사이에 있었던 사건들을 예로 들어보지요.

폭력에 길들여진 사회

2015년 7월 30일 서울의 모 공립고등학교에서 집단 성추행 사건이 있었다는 사실이 알려졌습니다. 시교육청 감사 과정에서 교사 다섯 명이 여교사와 여제자를 성추행하거나 성희롱한 사건이 드러났지요. 충격적인 것은 학교 당국이 이를 알고도 은폐했다는 사실이었습니다.

일주일이 지난 8월 8일에는 방송을 통해 모 대학 교수가 제자를 상습적으로 폭행하고 인분까지 먹인 사건이 보도됩니다. 소위 '인분 교수' 사건이지요. 가해자는 전공 분야의 권위자로 사회적으로 인정받는 인물이었습니다. 그런 사람이 잔악한 고문행위를 일삼고 한 인간의 인권을 짓밟았다는 점에서 공분을 샀지요.

불과 일주일 안팎에 벌어진 충격적인 사건들을 보면서 저는 참으로 안타까웠습니다. 사람들이 분노하고 가해자들을 비난했지만, 정작 그런 일이 일어난 원인과 배경에는 관심이 덜했기 때문입니다. 문제를 해결하려면 원인을 알아야 합니다. 그렇지 않으면 일회적인 관심으로 끝나버릴 수도 있어요. 그런 의미에서 위의 사건들을 구체적으로 살펴보겠습니다.

성폭력 사건은 '성'(性)에 초점을 맞추기보다는 인권적인 관점에서 접근해야 해요. 성폭력에서 중요한 것은 '성'이 아니라 '폭력'입니다. 성이라는 매개를 통해 자신의 욕망을 관철시켰다는 것이 일반적인 폭력과 다를 뿐이지요.

그렇다면 이들은 왜 그런 일을 저지르는 걸까요? 폭력의 이면에 흐르는 심리는 무엇일까요? 과거 범죄심리학자들은 '충동'을 주요 원인으로 봤습니다. 예컨대 성폭력은 생물학적인 충동 때문이라고 생각했지요. "참지 못하고 일을 저질렀다"는 것입니다. 여전히 성폭력을 생리적인 문제로 바라보는 시선이 많은 거예요. 그래서 어떤 분들은 성범죄 해결 방법으로 '거세'를 주장합니다. 생물학적인 문제니 생물학적으로 해결하자는 거예요. 얼핏 간단하고 합리적인 것으로 보입니다. 그런데 여러분, 중요한 것은 징벌 자체가 아니라 그 효과입니다. 이런 식의 접근이 성범죄를 예방할 수 있을까요?

실제로 유럽의 일부 국가에서는 상습적인 성범죄자에 대해 거세형을 집행합니다. 성범죄의 원인인 '성 충동'을 없애겠다는 거예요. 그러나 인권의 측면에서도 그렇고 그 실효성에 대한 논란이 있었습니다. 유럽연합이 거세형을 받은 상습 성범죄자 세 명의 행적을 추적했습니다. 그런데 놀랍게도 그중 한 명은 연쇄 살인범이 되어 있었어요. 성호르몬을 분비하는 기관은 사라졌어도 그 사람의 뇌는 여전히 성적 충동이 가장 자극적인 요인으로 남아 있더라는 거예요. 이걸 계속해서 느끼려고 살인을 저지릅니다. 이 사람에게 성 충동은 상대를 지배한다는 느낌, 자신이 강한 존재라는 느낌과 일치합니다. 바로 이것 때문에 계속해서 사람을 죽인 거예요. 폭력의 가장 극단적인 형태로 성을 추구하고, 결국 살인이라는 극단까지 간 거예요. 나머지 두 사람은 어떨까요? 애석하게도 이들 역시 상습 성범죄자로 다시 붙잡힙니다. 물리적인 성관계 대신 성적인 유린 행위를 자행했다고 해요. 간접적인 방식으로 쾌감을 느낀 거예요. 이 추적 조사는 '성'보다는 '폭력'이 본질적인 요인이었다는 것으로 결론을 내립니다.

'인분 교수' 사건은 욕구와 감정과 이익이 복합적으로 작용한 폭력입니다. 가해자는 자기에게 모든 것을 의존하고 있는 제자에게 폭력을 행사했습니다. 신체적으로, 눈에 금방 잘 띄는 얼굴도 때렸지요. 심지어 똥오줌까지 먹게 합니다. 이런 엽기적인 폭력은 순간적으로 화가 나서 발생한 게 아닙니다. 침착하고 냉정하게 이루어진 폭력이자, 계산된 행위이고, 사전에 준비한 사건입니다.

사람들은 말합니다, 왜 그렇게 당하고만 있었느냐고. 상식적으로 이해가 가지 않으니까요. 하지만 범죄심리학을 배우고 오랫동안 현장의 사건을 조사하다 보면 납득이 갑니다. 가해자의 힘이 피해자를 압도했기 때문이에요. 제자는 교수의 요구를 거절할 수 없는 위치에 있었습니다. 잘 아시다시피, 대학 사회에서 교수의 권력은 엄청납니다. 게다가 관련 분야의 권위자라면 자신의 미래가 그 교수의 말 한마디에 달렸다는 사실도 잘 알고 있었겠지요. 저항할 수 없었을 겁니다. 피해자의 이런 태도에 가해자는 오히려 큰 쾌감을 느꼈을 겁니다. 자신의 힘이 얼마나 센지 확인할 수 있었을 테니까요. 이 사건은 힘없는 상대를 정복하면서 쾌감을 느끼고자 하는 욕구와 가학적 행위로 이어진 통제되지 않은 분노뿐만 아니라, 전문가 집단의 일그러진 권력관계가 그대로 투영되어 있습니다.

서울 공립학교에서 일어난 집단 성추행 사건을 볼까요. 보도된 바에 의하면, 피해자도 한둘이 아니고 일시적인 사건도 아님을 알 수 있습니다. 어떻게 이렇게 오랫동안 부당한 폭력이 용인될 수 있었을까요? 피해자가 힘없는 학생이나 여성이었고, 학교라는 관료조직은 외부에 알려질까 두려워 이 사실을 숨겼습니다. 가해 교사는 개인적인 욕구나 감정을 해소하는 한편, 자기의 힘을 과시하고 싶었을 겁니다. '거봐, 저항해봐야 아무 소용 없다고. 그러니 내가 시키는 대로 해!' 이런 심리였을 테죠. 다행히 세상에 알려지고 가해자가 징계를 받았지만, 그렇지 않은 경우가 훨씬 더 많으리라는 점은 쉽게 짐작할 수 있습니다.

우리는 폭력에 익숙합니다. 일상이 폭력으로 둘러싸여 있다고 해도 과언이 아니에요.

어제저녁에 가족과 영화 한 편을 보았습니다. 수많은 관객을 동원한 할리우드 액션 영화였지요. 보고 나서 이런 생각이 들더군요. 나를 비롯한 사람들은 왜 이 영화에 빠져드는가? 영화에서 폭력이라는 자극적인 요소를 빼도 지금처럼 재미있을까? 생각해보세요. 액션 영화인데 사람들이 다 착해요. 주인공은 주먹을 쓰지도, 총을 들지도 않습니다. 폭파 장면도 없고 대결 장면도 없습니다. 시시하지 않나요?

사람들은 영화를 보며 대리만족을 느낍니다. 폭력이 재미의 요소가 되는 거예요. 아마 요즘 개봉하는 영화 중 장르를 불문하고 폭력 장면이 없는 영화를 찾기 힘들걸요. 우리가 일상적으로 접하는 드라마, 게임도 그렇습니다. 사람들은 폭력 장면을 보면서 쾌감을 느낍니다. 주인공이 엄청난 파괴력으로 적을 물리치는 장면을 보며 카타르시스를 느끼지요. 세계인들이 어벤저스, 스파이더맨, 엑스맨, 배트맨, 슈퍼맨, 이런 영웅 캐릭터에 열광하는 이유입니다. 대중문화에 녹아 있는 이러한 폭력성은 '정의'라는 이름으로 등장합니다. 좋은 목적으로 사용하면 폭력이라도 괜찮다는 메시지가 깔린 거예요. 우리 스스로 폭력에 관대해지는 겁니다.

우리 사회에 하루도 빠지지 않고 폭력 사건이 발생합니다. 너무 많아서 몇몇 엽기적인 사건들 이외에는 관심을 두기도 어려울 지경입니다. "그럴 수도 있지. 아니꼬우면 출세를 하든가." 하는 반응도 있어요. 강자의 폭력에 익숙한 나머지 약자의 피해를 당연하게 받아들이는 사람들이 늘어납니다. 이것은 폭력에 길들여진 사회라는 징후예요. 이를 막기 위해서라도 우리는 '폭력'이 무엇인지 그 본질에 대해 반드시 짚어봐야 합니다.

폭력의 심리학

여러분, '폭력'이란 무엇일까요? 여러 가지로 정의할 수 있겠습니다만, 범죄심리학적으로 볼 때 폭력이란 '고의적인 힘의 사용'입니다. '고의성'을 포함했을 때 '폭력'이라고 할 수 있어요. 예컨대 어떤 사람이 만원 지하철에서 옆 사람을 툭 건드렸어요. 그런데 공교롭게도 이 사람이 넘어져서 다칩니다. 이걸 폭력이라고 할 수 있을까요? 그 사람을 다치게 할 의도가 없었기에 폭력이라고 말할 수 없습니다. 다만, 어쨌든 다친 사람이 있으니 '사고'라고 부를 수는 있을 겁니다.

질문을 하나 더 드리죠. 제 아들은 하루에도 수십 번씩 저를 때립니다. 지나가다 퍽 때리고, 제가 놀리면 또 때리고 합니다. 이것도 '폭력'에 해당할까요? 짐작하셨겠지만, 이것 역시 '폭력'이라고 부를 수 없습니다. 고의적으로 물리력을 사용했지만, 그 목적이

'가해'가 아닌 친밀감의 표현이기 때문입니다. 물론 받아들이는 사람이 심각한 폭력으로 느꼈다면 얘기가 달라지겠지만요. (웃음)

또한 '폭력'이라는 개념이 성립하려면 '효과성'이 있어야 합니다. 저 사람을 아프게 하겠다, 고통을 주겠다는 의도에 부합하는 결과가 나와야 해요. 부상이나 죽음, 공포, 고통, 손상, 궁핍, 장애, 상대가 이런 걸 감수해야 한다면 그것은 폭력입니다. 따라서 물리력이 아닌 협박이나 정신적 압력 등을 행사했을 때도 폭력이라고 할 수 있습니다. 때리고 맞는 것만이 폭력이 아니라는 겁니다.

최근 우리 사회에서 점점 심해지는 폭력이 있지요. 바로 '경제적 폭력'입니다. 돈 많은 사람이 고의적으로 부를 이용해서 누군가를 곤란에 빠지게 하는 거예요. 노동자의 유일한 생계 수단인 월급을 제때 주지 않는 사장, 우월적 지위를 이용해 거래처에 손해를 강요하는 대기업, 이런 사례들을 우리는 경제적 수단으로 궁핍이나 곤란, 장애를 주는 '경제적인 폭력'이라고 부릅니다.

조금 시야를 넓혀볼까요. 최근 그리스가 파산했지요. 빌린 돈을 갚지 못해, IMF, 유럽연합 등에 도움을 요청했습니다. 그런데 국제금융기구에서 돈을 빌려주면서 조건을 제시해요. '긴축 재정'을 하라는 겁니다. 정부에서 쓸 돈을 줄이라는 거예요. 그리스 국민들은 적극적으로 반대합니다. 국민투표까지 하지요. 경제를 파산시킨 책임은 빚내서 흥청망청 쓴 소수 특권층에 있는데 왜 자기들이 연금과 복지 혜택을 양보해야 하느냐는 거예요. 양쪽 다 수긍이 갑니다만, 그리스 국민 입장에서 보면 독일을 중심으로 하는 유럽의 부자 나라들이 자신들에게 경제적인 폭력을 행사한다고 느낄 수 있어요.

폭력의 '효과성'과 관련해서 또 하나 말씀드릴 것이 있습니다. 바로 공포나 두려움 같은 주관적이고 심리적인 효과입니다. 앞서 말씀드린 것처럼 만원 지하철에서 옆 사람을 건드린 사람은 폭력을 행사한 게 아닙니다. 그럴 뜻이 없었으니까요. 그런데 반대로, 분명한 의도를 가지고 그 사람을 밀었는데 멀쩡하다, 이러면 어떻게 될까요? '의도'는 있지만 '효과'가 없으니 이것 역시 '폭력'이라고 부를 수 없을까요? 그렇지 않습니다. 피해자가 신체적 상해는 입지 않았다고 해도 심리적으로 공포와 두려움을 느꼈으면 폭력입니다. 어떤 사람이 내게 돌을 던졌지만, 다행히 빗나갔습니다. 몸은 멀쩡하지만, 저 돌에 맞았을 때 어떤 일이 생겼을지를 상상하며 두려움을 느끼겠지요. 누군가 나를 해칠 목적이 있다는 사실을 인지하는 것만으로도 공포심이 생깁니다. 따라서 폭력에 해당하지요. 심리적이고 주관적인 효과를 준다면 그것은 폭력입니다. 요약하자면, '폭력이란 고의적인 힘의 사용으로 상대에게 물리적 신체적인 결과는 물론 경제적, 심리적 피해를 주는 것'이라고 정의할 수 있습니다.

그렇다면 사람들은 왜 폭력을 쓸까요? 학계에서는 대표적으로 세 가지를 꼽습니다. 하나는 앞서 성범죄자의 사례에서 말씀드렸

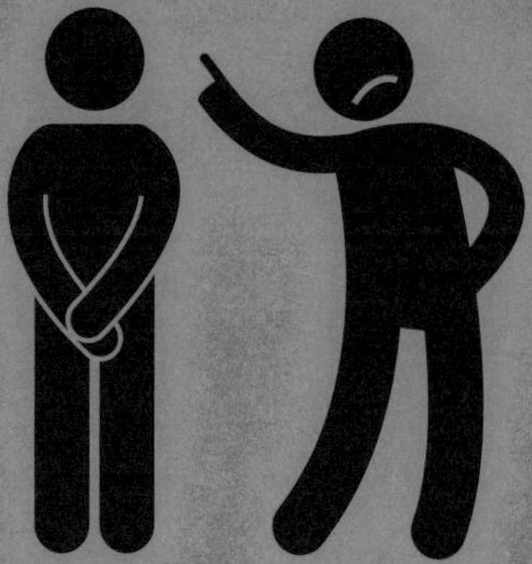

심리적이고 주관적인 효과를 준다면
그것은 폭력입니다.
'폭력이란 고의적인 힘의 사용으로
상대에게 물리적 신체적인 결과는 물론
경제적, 심리적 피해를 주는 것'이라고
정의할 수 있습니다.

던 '욕구'입니다. 가해자, 폭력 행위자의 내면에 있는 부분이죠.

범죄자들은 성장 과정에서 정서적 결핍 혹은 학대, 방임을 당한 경우가 많습니다. 이런 배경 때문에 자기도 모르게 억눌린 욕구가 쌓여 있다가 폭발하는 거예요. 이런 사람들은 스트레스에 취약합니다. 어떤 이유로 불편함이나 괴로움, 불만, 분노를 느끼게 되었을 때 무엇인가를 파괴하고 싶은 욕구를 느끼게 돼요. 이것이 폭력으로 이어집니다.

두 번째는 '감정'입니다. 폭력을 저지른 범죄자들은 많은 경우 자신의 감정을 조절하고 통제하는 데 어려움을 느낍니다. 보통 사람도 마찬가지지요. 나도 모르게 욱해서 주먹을 휘둘렀다고 말하지 않습니까? 그런데 이 감정이라는 것은 '욕구'와 달리 상대성을 가집니다. 대상과의 관계 속에서 형성되지요. 욕구는 나만 좋으면 끝입니다. 배가 고픈 것도 나고 포만감을 느끼는 것도 나이지요. 배가 고프다고 분노를 느끼지는 않잖아요. 대신 누군가 일부러 나를 굶기면 화가 나겠죠. '저 사람이 나를 무시했어!' '저 사람이 나를 떠나려고 해!' '저 사람이 나를 기분 나쁘게 했어!' 바로 폭력을 행사한 사람들이 말하는 범죄 동기입니다. 여기서 분노라는 감정은 상대의 반응에서 생긴 것이에요. 보통 사람이라면 대화와 설득을 통해 상대의 반응을 바꾸거나 감정 조절을 통해 상황을 전환할 수 있겠지만, 폭력을 저지르는 사람들은 이 과정에 취약합니다. 그래서 결국 폭력이라는 결과가 나오는 거예요.

세 번째 요소는 바로 '이익'입니다. 내가 더 가지려고, 상대의 것을 빼앗으려고 폭력을 행사합니다. 앞서 말씀드린 욕구나 감정은 우발적인 폭력을 유발합니다. 그러나 '이익' 때문에 행사하는 폭력은 매우 치밀하고 계획적이에요. 폭력의 효과를 높이기 위해 미리 준비합니다.

여기에 덧붙여 말씀드릴 것은 계획성이 꼭 '이익'을 위한 폭력에만 해당하지는 않는다는 것입니다. 일반적인 폭력에서도 정도의 차이가 있을 뿐 계획성이 반영될 때가 있어요.

가정 폭력을 예로 들겠습니다. 피해자가 얼굴 같은 눈에 잘 띄는 신체에 부상을 입었다면 가해자가 감정이나 욕구를 조절하지 못해 발생한 사건일 경우가 많습니다. 가해자는 이렇게 될 줄 몰랐다, 즉 폭력의 결과를 예상하지 못했다고 말합니다. 범죄 사실을 쉽게 인정하지요. 증거가 명확하니까요. 무서운 건 피해자가 겉으로는 멀쩡한 경우입니다. 얼핏 보면 아무런 부상도 없어요. 그런데 옆구리나 허벅지 안쪽 등 들춰보지 않으면 알 수 없는 곳에 멍이나 상처가 있어요. 들킬 것을 염려해서 계획적으로 그런 곳에 상해를 입힌 거예요. 의도적으로 계획되고 통제된 폭력의 전형입니다.

이런 일은 아동폭력 사건에서 많이 나타납니다. 어느 날 한 아이가 학교에 왔는데 어딘가 모르게 우울해 보여요. 자꾸 숨어 있으려고 하고 말도 없습니다. 애들이 자기 몸을 건드리는 걸 싫어하고 운동복으로 갈아입을 때도 몰래 혼자서 입습니다. 이를 이상하게 여긴 선생님이 아이를 교무실로 데려와서 상담을 해보니 뭔가 이상해요. 셔츠를 걷어보니 온몸이 멍투성이입니다. 옆구리, 등, 팔뚝에도 상처가 있어요. 이 아이는 상습적이고 치밀하게 계획된 폭력에 노출된 게 분명합니다.

사람들은 자신의 만족을 위해, 무시당하지 않으려고, 힘으로 압도하기 위해, 또는 이익을 위해 폭력을 행사합니다. '인분 교수'는 제자의 인권을 짓밟으면서 자기 마음대로 상대방을 조종하는 쾌감을 느낍니다. 재벌기업은 오로지 이익을 위해 하청업체에게 손해를 강요하지요. 이처럼 모든 폭력에는 기본적으로 상대를 장악하려는 동기가 있습니다.

폭력은 상대방을 통제하려는 속성이 있다고 말씀드렸습니다. 그런데 여기서 '통제'라는 것이 꼭 '몸'에 대한 것만은 아니라는 점을 강조하고 싶습니다. 폭력이 꼭 물리적, 신체적인 형태로만 나타나는 것이 아니에요. 오히려 현대에는 정서적, 언어적 폭력이 심각합니다.

최근 논란이 되고 있는 것 중에 '부작위에 의한 폭력'이라는 개념이 있습니다. '부작위'란 무엇을 '하지 않음'이에요. 말 그대로 풀면 '무언가를 하지 않은 폭력'이라는 뜻이 됩니다. 모순처럼 보이지요? 아까 폭력이란 '고의적인 힘의 사용'이라고 말씀드렸는데, 아무것도 하지 않은, 즉 힘을 사용하지 않은 것이 어떻게 폭력이 될 수 있을까요?

우리나라 법에서는 이를 인정합니다. 대표적인 예가 세월호 재판이에요. 사건 당시 배의 선장이었던 이준석 씨의 책임을 묻는 재판에서 대법원은 '부작위에 의한 살인'을 인정합니다. 탈출 명령을 내리지 않아 학생들이 죽었다는 것이지요. 자신의 의무를 다하지 않은 선장의 파렴치한 행동에 많은 국민이 분노했기에 그에게 적용된 혐의는 그다지 주목을 받지 못했습니다. 다만 '부작위에 의한 살인'이라는 것이 우리 법에서 명문화되어 있는 개념이 아니었기에 논란이 있었습니다. 살인이라는 것은 사람의 생명을 고의적으로 빼앗는 행동인데, 어떻게 부작위로 살인을 할 수가 있을까? 하는 것이었지요. 세월호 사건은 우리나라 법원에서 이를 인정한 첫 사례였습니다.

유사한 사건이 있습니다. 치매를 앓는 시어머니를 모시던 며느리가 너무 힘들어서 파업을 선언합니다. 겨울에 불도 때지 않고, 먹을 음식을 주질 않았죠. 그렇게 사흘, 나흘이 지나자 이를 지켜보던 할아버지가 견디다 못해 경찰에 신고합니다. 그리고 결국 할머니는 사망에 이르게 되죠. 사인은 영양실조와 그로 인한 합병증이었습니다. 수사당국은 이때도 '부작위에 의한 살인'이라는 혐의를 검토하다가, 결국 유기 치사죄를 적용했습니다. 형법 271조를 보면 "노유, 질병 기타 사정으로 인해 부조를 요하는 자를 보호할 법률상 또는 계약상의 의무 있는 자가 유기한 경우"를 유기죄에 속한다고 보고 있습니다.

이런 논리라면 '부작위에 의한 폭력'도 성립합니다. 학교에서 그 징후가 뻔히 드러나 보이는 자살 직전의 학생을 방치한다거나 학교폭력을 호소하는 피해자를 외면한다거나 하는 일도 여기에 해당하겠지요. 자신을 보호해달라는 학생에게 바쁘다는 핑계로, 증거를 가려오라며 시간을 끌거나 방치하는 선생님이 있다면 앞서 말한 '부작위에 의한 폭력'이 될 수 있겠지요.

그러나 정말 꼭 해야 하는 일, 즉 의무가 무엇이냐를 두고 분쟁의 소지가 있습니다. 이를 남발하면 우리 모두가 범죄자가 되어버리니까요. 그래서 저는 이것을 법률적인 관점이 아닌 도덕적, 윤리적 차원에서 받아들이면 좋겠다는 생각입니다.

이 시대를 살아가는 같은 인간으로서, 자신의 의무를 다하자는 것이지요. 주변에 도움의 손길을 원하는 사람이 있다면, 손을 내미는 것이 인지상정입니다. 내가 조금만 손해를 감수하고 불편을 감수하면 될 일입니다. 상대를 힘으로 통제하려는 발상이나 상대의 불행을 못 본 척하는 것이나 모두 바람직한 일은 아닐 것입니다. 우리가 폭력으로부터 자유로워지려면 직접적인 폭력뿐만 아니라 간접적이고 눈에 보이지 않는 폭력에 대해서도 경계를 늦추지 말아야 한다고 생각합니다.

정의로운 폭력은 존재하는가

지금까지 폭력의 정의와 속성에 대해 살펴보았습니다. 이번에는 화제를 돌려서 폭력에 맞서는 폭력, 정의로운 폭력에 대한 이야기를 나눠보도록 하지요.

먼저, 우리가 접하는 대중매체에서는 '정의로운 폭력'이 자연스레 등장합니다. 나쁜 놈들을 물리치는 로봇에 열광하는 아이들에서부터 현실에서는 찾아보기 힘든 정의로운 인물이 등장하는 액션 영화를 즐겨보는 어른들까지, 우리는 이미 '정의로운 폭력'이라는 개념에 상당 부분 동의하고 있다고 볼 수 있어요. 물론 평화주의자들은 이런 견해에 반대합니다. 폭력은 그저 폭력일 뿐이라고 생각하지요.

제가 자랄 때는 꿈이 뭐냐고 물어보면 대통령, 의사, 과학자도 있었고 군인, 경찰이 되고 싶다는 아이들도 있었습니다. 지금이야 공무원이나 대기업 사원이지만 그때는 순박했다고 해야 할까요, 많은 사람들이 공공을 위한 일을 하고 싶어 했습니다. 그런데 군인이나 경찰이 장래희망인 아이들 중에는 '나쁜 놈들 혼내주고 싶어서' 택한 경우가 많았어요. '정의로운 힘'을 갖고 싶었던 거지요. 영화 속에 등장하는 '정의의 수호자'처럼 말이지요.

그런데 현실에서 정의로운 폭력이란 정말 존재할까요?

사회를 유지하려면 악한 자의 나쁜 행동을 막아야 할 필요성은 분명합니다. 그러려면 어쩔 수 없이 물리력을 행사해야 할 수도 있고요. 그런데 이 지점에서 늘 고민이 생깁니다. 어느 정도까지가 정의로운 폭력인가? 저 사람이 나쁜 행동을 했다고 해서 저렇게 가혹한 폭력을 당해도 될까? 다른 방법은 없을까? 폭력은 그 자체로 혐오스러운 것이 아닐까?

인류가 끊임없이 고민해왔지만, 지금도 결론은 내려져 있지 않습니다. 다만, 지금까지 연구하고 논의를 통해서 합의한 철학적, 윤리적, 법률적 내용은 이것입니다. "폭력과 정당한 힘의 사용은 구분된다."

'폭력'은 그렇다 치고 여기서 말하는 '정당함'이란 무엇일까요?

첫째, 목적의 정당성입니다. 당연히 개인의 욕구나 감정, 이익에 따르는 폭력은 여기에 해당하지 않겠지요. 반대로 상대의 목숨을 구하고자 강도와 격투를 벌였다면 이때의 폭력은 정당성을 갖게 됩니다. 상식적으로 이해할 수 있는 부분이에요. 철학적, 윤리적, 도덕적으로 타당한 목적이 있어야 합니다.

두 번째는 '평화적인 수단'이 우선이라는 것입니다. 목적이 제아무리 정당하다 해도 가능한 평화적인 수단을 제쳐놓고 폭력을 사용했다면 이는 정당하다고 할 수 없습니다. 이 때문에 경찰의 무기 사용에 논란이 있습니다. 간혹 쫓기던 용의자가 경찰이 쏜 총에 사망한 사건이 언론에 보도되지요. 어떤 이들은 공권력의 확립을 위해 불가피하다고 경찰 측을 옹호하지만, 이때도 과연 그것이 최선이었느냐 하는 점은 남습니다. 굳이 총을 사용하지 않아도 통제 가능한 상황에서 총을 빼들었다면 이는 잘못된 폭력입니다. 경찰은 전시(戰時)가 아닌 상황에서 총기를 휴대할 수 있는 유일한 신분입니다. 법적으로 그런 물리적인 힘의 사용을 허락받은 집단이지요. 그런데 이것은 국민으로부터 위임되고 법으로 통제되는 권력입니다. 자기 마음대로 할 수 없다는 뜻이지요.

특히 첨예한 갈등 상황에서 경찰이 자의적으로 사용하는 공권력은 그 자체로 비판의 대상이 됩니다. 예컨대 무리한 진압으로 시민과 경찰의 목숨이 희생된 용산참사, 세월호 사건의 진상 규명을 요구하는 시위·농성, 고압 송전탑, 해군 기지를 두고 지역에서 벌어지는 갈등, 이런 현장에 경찰이 동원되어 물리력을 행사합니다. 노사분규 현장에도 경찰이 자주 보입니다. 이해관계자들이 해결해야 할 사안에 법 집행이라는 미명하에 공권력이 끼어듭니다. 그래서 문제가 생길 때마다 경찰의 개입이 타당한지, 다른 평화적인 수단은 없는지 하는 문제가 제기됩니다. 도의적, 인권적 차원을 넘어 법적으로 문제가 될 수 있고요. 경찰력의 부당한 법집행에 피해를 보았을 때는 국가를 상대로 손해배상 청구소송을 낼 수 있습니다. 혹은 경찰관 개인을 상대로 직권남용, 혹은 형법상의 상해죄를 물어 고소할 수도 있고요.

공공질서를 위한 '정당한 폭력'을 명확하게 구분하기란 어렵습니다. 늘 어떤 경계 선상이 존재합니다. 폭력이 아닌 평화적 수단이 있었는지 여부, 또 그것을 충분히 검토했는지 여부를 따져야 하지만 이것은 대단히 주관적인 판단의 영역이다 보니까 시대의 흐름, 여론이나 사법부의 태도 등 시대적, 환경적 요인에 의해 좌우될 때가 많습니다.

용산 참사를 바라보는 시각도 마찬가지 아니겠습니까. 경찰은 당시 행사한 폭력이 정당했다고 주장합니다. 진압작전 이전에 다른 평화적인 수단을 충분히 검토했고 사용했다는 입장이에요. 협상, 중재, 설득 작업이 있었고 그래도 해결이 안 되었기에 특공대를 투입했다는 주장입니다. 하지만 아무리 선의를 인정한다고 해도 결과적으로 다섯 명의 농성자와 한 명의 경찰관이 사망했다는 참담한 결과에 대한 책임은 벗을 수 없습니다. 충분히 예측했어야 할 상황에서 무리하게 폭력적 진압 방식을 택했다는 비판에서 자유로울 수가 없는 거예요. 시간이 걸리더라도 다른 방법을 끝까지 찾아야 했습니다. 이 부분에 대한 경찰의 전략상, 작전상의 문제는 앞으로도 커다란 숙제로 남아 있을 겁니다.

정당한 폭력이냐 아니냐를 두고 오랫동안 논란을 빚는 것이 또 하나 있지요. 바로 아이들에 대한 체벌입니다. 예전에는 '사랑의 매'라고 해서 선생님들이 아이들의 훈육을 위해 행사하는 폭력을 폭력으로 보지 않았습니다. 외려 사랑과 관심의 표현으로 보았지요. 집에서 아이들이 부모들에게 얻어맞는 일은 아예 이야깃거리도 되지 않았지요. 그러나 이제 이러한 부분에 대한 인식도 크게 달라져서 대부분 학교에서 공식적으로 체벌을 금지하고 있지요. 가정폭력에 대한 사회적 관심도 늘었고요. 오늘날 체벌은 더 이상 '정당한 폭력'이 아닙니다.

아이에게 손찌검한 부모는 이렇게 말합니다. "아이의 나쁜 행동을 바로잡으려면 어쩔 수 없다. 당신도 내 입장이 되어 보라." 이해가 안 가는 바는 아닙니다만, 그래도 부당한 폭력입니다. 다른 평화적인 수단을 찾았어야 하기 때문입니다. 정말 어쩔 수 없었을까요? 때리지 않을 수 없는 그런 다급한 상황이었을까요? 대개는 그렇지 않습니다. 부모가 감정을 절제하지 못해서, 욱하는 마음에 손을 대거나 상습적으로 아이를 학대하는 경우가 대부분입니다. 폭력이 유일한 훈육 방식이라면 사람이 동물과 다를 바가 없겠지요. 올바르고 타당한 훈육의 방법을 찾는 것은 어른들의 의무입니다. 타성에 젖은 폭력은 아이들의 인성을 망가뜨리는 동시에 아이들에게 폭력을 가르칩니다. 맞고 자란 아이들은 자신이 저지르는 폭력에 무감각해질 수밖에 없어요. 세상에 나쁜 사람이 되고 싶어 하는 아이들은 없습니다. 자기들도 영화에 나오는 주인공처럼 박수받는 정의의 사도가 되고 싶어 하죠. 상습적으로 폭력에 노출되었던 아이들은 자기들이 휘두르는 폭력도 정당하다고 생각합니다. 어려서부터 그걸 몸으로 배운 거예요.

학교폭력 사례를 보면 가해 학생들, 심지어 자기 친구를 자살에 이르게까지 한 친구들조차도 똑같이 말합니다. 자기들은 잘못이 없다, 피해자가 자초한 거다, 하고 말이죠. 결론적으로 자신들의 폭력은 정당했다고 생각하는 겁니다. 피해자가 친구들 잘못을 선생님한테 이르고, 혼자서 이상한 행동하고, 부모 돈 자랑하고…, 이런 여러 가지 이유들이 근거로 동원됩니다.

그 논리에 따르면 가해자가 피해자를 괴롭힌 것은 정당한 폭력에 해당하지요. 맞을 짓을 했고 자기들은 응징을 했을 뿐이라는 거예요. 그런데 이 논리가 어디에서 왔을까요? 바로 어른들입니다. 실컷 두들겨 패고는 "너 잘되라고 때렸다"고 말하는 부모 밑에서 자란 아이들입니다. 그런 식으로 자신이 저지른 폭력을 정당화하는 법까지 배운 거예요.

정리하자면, 정당한 폭력이 되려면 목적의 정당성이 있어야 한다. 개인적 차원이 아닌 공공성과 보편성을 갖고 있어야 한다는 것이고요. 두 번째가 그런 요건을 갖추고 있다 해도 물리력은 마지막 수단이 되어야 한다는 것입니다. 평화적인 수단이 먼저 충분히 고려되어야 합니다. 공권력이라면 법적인 요건을 충족해야 하는 것은 기본이고요.

폭력과 비폭력 사이

지금부터는 구체적인 장면을 놓고 이야기를 나눠보겠습니다. 우리가 폭력을 판단할 때 맥락을 고려해야 하기 때문입니다.

두 개의 장면을 놓고 생각해볼까요? 경기장에서 권투 경기를 하는 장면과 아이들 앞에서 남자가 여자를 때리는 장면 중 어떤 게 더 폭력적으로 보이세요? 개인에 따라 다르겠지만 경기장에서 권투 경기를 하는 장면이 더 폭력적이라고 표현할 수는 있겠지만 '폭력'에 해당하지는 않습니다. 이유를 말씀드리지요. 우선 권투는 스포츠입니다. 여기서 사용한 물리력은 법적, 사회적으로 허용된 것이에요. 물론 선수들이 경기를 하다가 부상을 당하기도 합니다만, 이는 본질적인 문제는 아닙니다. 기본적으로 권투장갑을 끼고 심판을 두어, 상태가 심각하면 진행을 멈출 수 있다는 규칙이 존재합니다.

반면에 아이들 앞에서 남자가 여자를 때리는 장면은 어떻습니까? 상식적으로 봐도 폭력입니다. 법적으로 허용된 상황도 아니고요. 서로에게 공정하고 정당한 힘의 균형이 있는 상태도 아닙니다. 안전을 위한 조치나 규칙도 준비되어 있지 않고요. 가해자인 남자는 상황을 결정하고 지배하는 권력을 갖고 있습니다. 여기에서 남자가 휘두르는 주먹은, 상대에게 신체적 고통은 물론 두려움과 불안과 공포를 줍니다. 가해자는 그걸 잘 알고 있고요. 즉, 의도가 있다는 것입니다. 다른 평화적인 수단을 찾지 않았다는 사실도 명백해 보입니다. 이런 상황이 오기 전에 대화로 충분히 의사를 전달하고 문제를 해결할 수 있었을 거예요. 따라서 이것은 명백한 폭력입니다.

사무실에서 여자가 남자를 때리는 장면은 폭력일까요, 아닐까요? 이것을 판단하려면 맥락을 살펴야 합니다. 상상력을 발휘해서 어떤 상황인지 가정해봅시다.

먼저, 폭력이라고 생각하시는 분들은 여자가 남자를 때리는 상황에 주목할 겁니다. 보통은 완력이 센 남자가 폭력의 가해자일 거라고 생각하지만, 실제로 이렇게 맞는 남자들도 있으니까요. 반대로 폭력이 아니라고 생각하시는 분들은 사정이 있을 거로 생각하실 겁니다. 예컨대 정당방위에 해당한다고 보시는 거죠. 남자에게 저항하는 장면이라고 보실 수도 있지요.

이렇게 가정해 볼까요. 예컨대 여성이 상사이고 남자가 부하 직원이라면 어떨까요? 그런데 상사가 대단히 다혈질이고, 폭력적이고, 권위적이에요. 남자 직원의 일 처리에 불만이 많습니다. "너, 이따위로 할래!" 이러면서 한 대 치는 거죠. 그러면 이것은 폭력입니다. 이번에는 역할을 바꿔서 남자가 상사예요. 부하 직원인 여성을 상대로 성추행을 시도합니다. 여성이 이를 견디다 못해 방어 행위로 폭력을 행사합니다. 그러면 이건 폭력이 아닌 거죠. 앞서 말씀드렸던 정당한 목적을 갖추고 있기 때문입니다. 다른 평화적 수단을 취할 수도 없는 상황이고요. 아마 몇 차례 거부 의사를 밝혔을 겁니다. 그럼에도 상사는 힘으로 제압하려 했겠지요. 이때 행사된 자기 방어적 폭력은 법적으로도 정당방위에 해당합니다.

보셨듯이 우리가 어떤 한 장면만 갖고는 판단할 수가 없습니다.

이것이 폭력이냐 아니냐를 따지려면 각 상황의 맥락을 따지고 근거를 살펴봐야 해요.

여성이 뒤따라오는 남자를 돌아보는 장면은 어떤가요? 폭력적으로 보이시나요? 우선 이 여성은 뒤에 있는 남성과 상관없이 그냥 통화하다가 뒤를 본 것일 수 있습니다. 그럼 폭력이냐 아니냐를 따질 이유조차 없는 거죠. 그런데 만약 여성이 뒤를 돌아본 이유가 남성 때문이라면 어떨까요? 뒤에 있는 남자가 이전부터 계속 여성을 따라붙었다. 그러면 그 동기가 무엇이냐를 또 따져볼 수 있겠지요. 첫 번째로 나쁜 의도, 즉 스토킹이 목적이라면 폭력입니다. 상대에게 정신적인 고통을 주게 되니까요. 그런데 만약 여자가 소매치기라면요? 남자가 얼른 따라가서 자신의 지갑을 되찾으려 한다면 이것은 남자의 자기방어에 해당하겠죠. 두 사람의 관계에 따라서 생각해봐야 합니다.

어린아이가 앞에 있는 사람에게 큰소리를 치는 장면은 어때요? 폭력적으로 보이나요? 지금 이 아이는 화가 나 있습니다. 공포에 질렸을 수도 있고요. 누군가에게 도움을 구하는 장면일 수 있습니다. 자기를 방어하기 위해 혹은 곤경에서 벗어나기 위해 소리를 치는 거죠. 우리는 이것을 폭력이라고 말할 수 없습니다. 그런데 만약 소리치는 당사자가 미성숙한 어린아이가 아니라 성인이라면 어떨까요? 다른 평화적인 수단을 통해서 충분히 의사 전달이 가능한 사람이, 누군가에게 고함을 지른다면 폭력이라고 할 수 있습니다.

이처럼 무엇이 폭력인지 아닌지를 따지려면 많은 생각과 고민이 필요합니다. 각각의 상황에 대한 깊은 논의가 필요하다는 거예요.

'사랑의 매'는 정당한가?

이번에는 영화 이야기를 해보겠습니다. 여러분, 〈위플래쉬〉(2014년)라는 영화 보셨나요? 거기에 보면 드럼을 치는 어린 제자와 혹독하게 가르치는 스승의 이야기가 긴장감 있게 전개됩니다. 최고의 드럼 연주자가 되고 싶은 제자를 상대로 스승은 매우 가혹한 훈련을 시킵니다. 정서적 학대는 물론 물리적 폭력도 행사하지요. 결국은 제자 중 한 명이 자살하는 지경에 이르기까지 합니다. 주인공 역시 그런 스승의 비상식적인 교습 방식 때문에 고통에 시달리다 마지막 장면에서 통쾌한 복수를 한다는 그런 내용이었지요. 저도 매우 흥미진진하게 봤는데요. 특히 여기에 등장하는 스승의 '폭력'에 대한 사람들의 생각이 궁금했습니다. 영화를 보신 분들의 평가가 제각각이더군요.

우리가 지금까지 논의한 기준에 의하면 영화 속 스승의 훈육 방식은 명백한 폭력입니다. 고의성이 있으면서 피해자에게 정신적, 신체적 상해를 입히니까요. 그럼에도 어떤 분들은 그것이 제자를 일류로 키우려는 목적에서 비롯되었다는 선의를 감안해야 한다고 주장합니다. 즉, 그렇게 가혹한 훈련을 거친 결과 기량이 향상되지 않았느냐는 것이지요. 어쩌면 이러한 평가야말로 우리 사회에 팽배한 성과주의, 즉 결과만 좋으면 과정이야 어쨌든 괜찮다는 생각을 대변하는지도 모릅니다. 아까 체벌에 대해서도 말씀드렸지만 아직도 우리 사회에는 '사랑의 매'처럼 교육적 차원의 폭력에 대해 관대한 부분이 있어요. 여기에는 그렇게 해서라도 성공하고 싶다는 대중들의 열망이 깔려 있습니다. 폭력적인 방법일지라도 상대를 위한 거라면, 좋은 결과를 위해서라면 납득할 만하다고 생각합니다. 치열한 경쟁에서 살아남기 위해서 불가피한 측면이 있다고 보는 사람들도 있고요.

스포츠 분야가 대표적이에요. 언론에서는 선수들을 얼마나 가혹하게 훈련시키는지, 그래서 얼마나 성적이 올랐는지를 자랑스럽게 보도합니다. 유명한 프로야구 감독의 인터뷰를 쓰고, 훈련을 하면서 고통스러워하는 선수들의 사진을 싣습니다. 아주 작은 실수 하나도 용납하지 않는 이 감독은 선수들 사이에서 공포의 대상이라고 해요. 이런 기사를 보면서 사람들은 어떤 생각을 할까요? 아, 선수들이 고생하는구나, 아무리 우승이 목적이라고 해도 인권 차원에서 문제가 있다, 이렇게 생각할까요? 아니면 저렇게 했으니 우승을 했구나, 참 유능한 감독이군, 이렇게 생각할까요? 당연히 후자일 것입니다. 그것이 폭력일 수 있다는 생각은 잘 안 들지요. 그만큼 경쟁을 중요시하는 스포츠 분야에서는 폭력이 쉽게 용인됩

우리 사회에는 '사랑의 매'처럼
교육적 차원의 폭력에 대해
관대한 부분이 있어요.
여기에는 그렇게 해서라도
성공하고 싶다는 대중들의 열망이
깔려 있습니다.

니다. 운동선수들에 대한 폭력 사태가 심심찮게 언론에 보도되는 것도 이런 이유와 무관하지 않을 것입니다.

대회에서 좋은 성적을 거둔 운동부에서 폭력 사태가 일어났다거나, 지도자의 가혹한 체벌로 학생이 상해를 입었다거나, 대학교에서 후배들에 대한 집단적 폭력이 전통이라는 미명하에 공공연히 자행된다거나 하는 사례는 수도 없이 많습니다.

제 아들도 초등학교 1학년 때부터 축구를 계속해왔는데, 저도 느꼈어요. 가르치는 분들과 이야기해보면 목적을 위해서는 어느 정도 가혹한 훈련은 견뎌야 한다고 생각하고 있었습니다. 실제로 어린아이들을 무척 엄하게 대합니다. 폭언을 퍼붓고, 때론 손찌검을 하기도 하죠. 그러면서도 본인들은 그것이 아이들을 위한 '정당한 폭력'이라고 생각합니다. 폭력이 아이들의 의지를 강하게 만들고, 기술력, 체력을 향상시킨다고 믿고 있어요. 그러나 그것은 일종의 신화에 불과합니다. 과거 어렵게 살았던 시절에나 통했던 방식이에요. 지금 세계적인 추세는 과학적이고 체계적인 훈련이지 결코 폭력적이고 억압적인 훈련이 아닙니다. 때린다고 나아지는 시대는 지났어요. 옳지도 않지만 효과도 없다는 얘기입니다. 외국에서는 이미 이러한 사실을 깨닫고 대책을 마련해왔습니다.

1979년 스웨덴에서는 교육적 체벌을 법으로 금지할 것이냐를 두고 논란에 휩싸였습니다. 당시 여론은 국가가 가정이나 사제지간까지 개입하는 것은 옳지 않다는 쪽이 우세했어요. 여론조사를 해보면 국민의 70퍼센트가 반대했습니다. 개인주의적 성향이 강한 유럽 사람들이 국가의 간섭에 부정적이었던 거예요. 치안 유지나 하고 복지나 잘해야 할 정부가 왜 부모와 자녀 관계까지 끼어드느냐는 겁니다. 그러나 결국 법이 통과되었고 체벌이 사라집니다. 사람들의 생각도 바뀌어서 2014년에 같은 내용으로 다시 설문조사를 했더니 92퍼센트가 이 법에 찬성합니다. 법 시행 이후에 혼란도 있고 반발도 있었지만, 체벌이 아닌 다른 방식의 교육이 더욱 효과적이라는 사실이 밝혀지면서 부모들이 바뀌기 시작한 거죠. 평화적인 방법으로, 아이들을 혼내고 야단치지 않으면서 아이들의 성향을 교정하고 바람직한 예의범절을 갖추게 하고 아이들에게 도움이 되는 것들을 교육하고자 노력한 거예요. 그 결과 지금 스웨덴 부모들은 전 세계에서 자녀와 대화하고 평화적으로 가르치는 기술이 가장 뛰어난 부모들이 되었습니다.

교육은 우리 아이들을 어떤 존재로 볼 것이냐 하는 근본적인 질문에 대한 대답입니다. 이들을 훈육의 대상이자 어떤 목적을 추구하는 대상으로 보면 폭력은 정당화될 수 있어요. 애들 잘되라고 때렸는데 뭐가 문제냐? 하는 태도를 당연하게 받아들입니다. 아이들을 내 맘대로 통제할 수 있는 소유물로 보지요. 하지만 이들을 존엄성을 갖춘 한 인간으로 보면 그럴 수 없습니다.

생활고로 가족들과 동반 자살한 가장의 이야기를 들어보신 적이 있나요? 같은 사건을 두고 여러 측면에서 해석할 수 있겠습니다만, 어떤 분들은 우리 사회의 취약한 사회복지에 대해 말씀하시고 또 어떤 분들은 경제난과 낮은 취업률을 걱정하십니다. 저는 여기서 아이들과 부모의 관계에 대해 말씀을 드리려고 해요. 만약 아이를 자신의 소유물이 아닌 판단의 주체로 보았다면 아이들을 죽이고 자살할 수 있었을까요? 물론 아이들 혼자 힘든 세상을 살아가기 어렵다고 생각해서 그랬을 수도 있어요. 또한 그런 극단적인 선택을 할 수밖에 없었던 심정도 충분히 이해할 만합니다. 하지만, 그렇다고 부모가 아이들의 생사까지 결정할 수 있을까요? 인간의 목숨을 빼앗을 수 있는 권리는 그 누구에게도 없어요. 그 부분을 함께 봐야 합니다.

사회적으로 성공한 사람들도 예외는 아닙니다. 얼마 전 강남 고급 빌라에 사는 40대 남자가 두 딸을 살해하고 자살을 기도한 사건이 있었습니다. 이분이 다국적기업 임원 출신이에요. 소유한 차량과 집, 은행예금을 포함해서 10억이 넘는 자산을 가지고 있었습니다. 그러나 회사를 그만두고 지난 3년간 재취업을 못한 데다 주식투자에 실패하면서 수억 원의 손실을 보게 되죠. 이를 비관한 나머지 그런 비극적인 선택을 한 겁니다. 과연 그럴 만큼 상황이 힘들었는가 하는 문제는 둘째 치고라도 아이들에 대한 인식이 어떠했는가를 지적할 필요가 있어요. 가해자가 외국에서 MBA 과정을 수료한 인텔리였잖아요. 그렇지만 자녀를 자신의 소유물로 생각했다는 점에서 앞서 말씀드린 사례와 같습니다. 자기 마음대로 아이를 좌지우지하고 그들의 삶에 대한 결정권까지 갖고 있다는, 대단히 원시적이고 전근대적인 사고가 있었던 거예요. 즉, 경제적인 이유가 이런 사건의 본질이 아니라는 겁니다.

내가 낳고 길렀다는 이유로, 나에게 의존할 수밖에 없는 미숙한 존재라는 이유로 그들의 삶을 결정할 수 있다는 것은 착각입니다. 자기가 상대방의 모든 것을 통제하고 조종하고 싶은, 신이 되고 싶은 욕망에 불과해요. 사람마다 차이는 있지만 우리 모두에게는 어느 정도 그런 욕망이 존재합니다. 권력을 갖고 싶어 하죠. 소위 '갑질'이라는 것도 그렇습니다. 우월한 지위에 있는 자가 힘을 과시하여 이득을 취하는 거죠.

이처럼 폭력의 문제를 파고들다 보면 어쩔 수 없이 인간이란 무엇인가 하는 질문과 맞닥뜨릴 수밖에 없습니다. 성인이 아닌 자는 미숙하다는 이유로 권리를 제한해야 하는가? 그들에 대한 폭력은 정당화될 수 있는가? 부모와 자식과의 관계는 어떤 것인가? 교사와 학생과의 관계는 무엇인가? 나이가 많거나 조금 더 경험이 많거나 조금 더 권한이 있다고 그렇지 않은 사람의 자유나 권리나 인격을 제한할 수 있는가? 있다면 어디까지 가능한가? 등의 질문과 마주치게 됩니다. 그런 차원에서 가정과 학교에서 나아가 사회적, 구조적 폭력으로 논의를 확장시켜보지요.

'다수를 위한 소수의 희생'은 정당한가?

1835년 11월 '프랜시스 스페이트' 호라는 화물선이 풍랑을 만나 좌초합니다. 화물칸에 가득 찬 통나무의 부력으로 가라앉지 않고 표류하는 선체에는 선장을 포함해 선원 18명이 생존해 있었습니다. 식량도 바닥나고, 빗물을 받아 겨우 연명하던 선원들은 13일이 지나도록 구조선이 오지 않자 절망합니다. 절체절명의 상황에서 선장이 제안합니다. 이대로 다 죽을 수는 없다. 대를 위해서 소를 희생하자. 이것은 자연의 원리이고 생존의 원칙이다. 우리가 살려면 영양분을 공급받아야 한다. 방법은 있다. 우리 중 누군가 자신의 생명을 바치면 된다. 즉, 희생이 필요하다. 그러니 공평하게 모두 제비뽑기를 하자.

어떻습니까? 상식적으로 이해할 수 없지만, 당시의 급박한 상황을 감안한다면 그런 제안을 한 사람의 심정도 이해가 가지요? 사람들이 어떤 반응을 보였을지 궁금하실 겁니다. 당연히 처음에는 선원들이 반발합니다. 인간이 어떻게 그럴 수 있느냐. 도저히 못 한다. 동료를 죽이고 내가 살다니 그럴 순 없다. 갑판장, 기관장, 주방장 할 것 없이 선장의 제안을 비난합니다. 그리고 시간이 흐르지요. 굶주림이라는 원초적인 고통이 찾아옵니다. 점점 생각이 바뀌기 시작합니다. 도덕적, 윤리적 입장이 생존을 위한 원초적인 입장으로 바뀝니다. 애초에 선장이 말했듯이 다 함께 죽을 수는 없다는 의견이 우세해집니다. 누군가는 살아야 하는 거 아니냐. 비록 희생이 뒤따르더라도, 그의 숭고한 뜻을 기리고 충분히 보상할 수 있지 않으냐는 식으로 이야기가 흐르지요. 결국 제비뽑기를 합니다. 일반적인 상황이라면 도저히 있을 수 없는 일이 벌어진 거예요. 그리고 생존자 중에 가장 나이가 어린 열다섯 살 소년이 희생자로 결정됩니다. 공포와 두려움에 떨던 이 친구가 정신을 가다듬더니 이렇게 말하지요.

선장님 이하 선배 선원 형님들, 그동안 너무 감사했습니다. 제가 희생자가 된다는 사실을 받아들이기가 두렵습니다만, 지금은 오히려 기쁜 마음입니다. 제가 아니었다면 다른 분이 희생되어야 했을 테니까요. 저는 나이도 어리고 경험도 없고 힘도 약합니다. 그런 제가 이렇게라도 해서 다른 사람을 살릴 수 있다면 의미 있는 일이 아니겠습니까…. 그렇게 해서 소년을 포함해 모두 3명이 희생된 뒤 표류하던 선원들은 목숨을 건지고 결국 지나가는 배에 의해 구조됩니다.

그러나 기쁨도 잠시, 표류하는 동안 있었던 끔찍한 사건이 세간에 알려지고 선원들은 수사를 받습니다. 살인에 대한 재판이 이뤄지죠. 처음에는 유죄였다가 2심 때 무죄가 선고되고 최종심에서도 무죄 판결을 받습니다. 나이 어린 선원 등을 죽인 것이 살인에 해당하느냐가 핵심이었지요. 처음에는 정당성이 없다고 보았던 겁니다. 그러나 2심부터는 다수가 살기 위해서 본인의 동의를 얻어 행한 것으로 공공의 목적이 있었다고 본 거예요. 또한 제비뽑기를 통해 희생자를 정하기 전에 다른 가능한 수단들을 찾고자 애썼다는 점도 그런 판단의 근거가 되었습니다. 가능한 모든 생존수단을 찾아보았지만 한계에 부딪힌 상황이었다고 본 겁니다. 법적으로 정당방위이자 긴급 피난에 속한다고 판단하였지요. 희생자의 자발적인 동의가 있었고 모두에게 공평한 기회가 부여되어 있었다는 점도 무죄 판결의 근거가 되었습니다. 문제는 제비뽑기가 공정하게 이루어지지 않았다는 거예요. 죄책감을 느낀 한 선원에 의해 희생자가 미리 정해졌다는 사실이 알려집니다. 그 어린 선원이 거부할 경우를 대비해 제2, 제3의 희생자까지 정해놓았다고 털어놓아요. "불가피한 희생"을 정당화시켰던 제비뽑기가 사실은 선장과 고참 선원들에 의해 조작되었던 거예요. 이 사건은 철학자와 예술가들에게 폭력과 정의에 대한 많은 영감을 주었습니다. 미국의 소설가 잭 런던은 상상력을 조금 보태 이 사건을 소설로 쓰기도 했습니다.

저는 이 사건을 현대 사회의 구조적 폭력을 설명할 때 인용하곤 합니다. 우리가 다수를 위해 소수가 희생해야 한다는 논리를 자주 접하지 않습니까? 경제성장을 위해 희생해야 하는 수많은 노동자들, 지역 발전을 위해 희생해야 하는 노점상, 철거민, 대도시의 전기를 위해 희생해야 하는 밀양 주민, 안보를 위해 희생해야 하는 강정마을 주민…. 역사적으로 다양한 사례들이 있지만 논리는 같습니다. 바로 "다수를 위한 소수의 희생"이지요. 이러한 폭력에 맞서 설득도 하고 싸움도 하지만, 상황은 갈수록 불리해집니다. 다수결의 논리에 익숙한 사람들은 저항을 이기주의로 매도하지요. 이를 탄압하는 국가 권력을 옹호합니다. 그리고 이것을 공정한 절차를 거쳐 선정했다는 논리로 정당화합니다. 하지만 정말 '공정'했을까요? 공정하다면 다수를 위해 희생하는 게 당연한 걸까요?

학교나 가정에서도 마찬가지입니다. 학생은 학교를 위해 희생해야 하고 아이들은 가족을 위해 희생해야 합니다. 설령 그것이 자발적이라고 해도 그로 인해 이익을 얻는 것이 과연 정당한가 하는 문제가 남습니다. 우리가 정당성의 근거라 믿고 있는 '다수의 이익'을 한 번쯤 의심해봐야 한다는 것입니다. 다른 길은 없는가? 꼭 희생이 있어야만 할까? 다수가 조금 불편하게, 조금 천천히 가는 방식은 어떤가? 소수가 떠안아야 할 부담을 다수가 조금씩 나누어 가지면 되지 않을까? 이런 고민이 필요하다는 거예요. 어쩌면 우리는 소수의 희생을 발판 삼아 다수가 이익을 취해온 방식에 너무도 익숙해진 나머지, 당연하다고 생각하는 건 아닌지 돌아볼 필요가 있습니다.

그렇다면 우리가 이러한 폭력에 저항할 수 있는 방법은 뭘까요? 부당한 폭력에 맞서는 폭력은 그 자체로 정당한 것일까요? 한번 이야기를 나눠보도록 하지요.

광화문에서 집회가 열립니다. 경찰은 불법 시위를 엄단하겠다며 차벽을 쌓고 살수차를 동원합니다. 사람들이 늘어나고 시위대가 청와대로 행진합니다. 이를 지켜보던 경찰이 최루액이 섞인 물대포를 사정없이 쏘아댑니다. 성난 시위대가 경찰과 몸싸움을 하면서 사상자가 생깁니다. 우리가 방송에서 보는 장면입니다.

경찰 쪽에서 보면 차벽과 물대포는 정당한 폭력입니다. 사전에 충분히 알리고, 설득하고, 예고 방송하고, 경고를 다 했다고 주장합니다. 그럼에도 해산하지 않고, 청와대 쪽으로 진격하고 교통을 방해했다, 행인들에게 불안과 위험을 느끼게 했다, 이런 논리입니다. 반대편 입장은 어떨까요?

집회 참가자들은 말합니다. 청와대로 행진하는 것이 불법이냐? 무기를 갖고 있지도, 차량을 공격하지도 않았다. 애초에 평화적인 시위였는데 이런저런 핑계로 사람들이 모이는 걸 막고, 참여자들을 자극했다. 헌법에 보장된 시위의 자유를 침해하고 있는 건 오히려 경찰이다.

양측 모두 나름의 논리가 있습니다. 그래서 갈등이 끊이지 않습니다. 법적으로 해결하면 될 일 아니냐고 해도 대상을 특정하기가 어렵습니다. 증거를 확보하기가 어렵다 보니 서로 자기들의 정당성만 주장하다가 갈등의 골만 깊어집니다. 그래서 이런 경우는 공권력이 정당성을 확보할 수 있도록 최대한 노력해야 합니다. 내부적인 교육과 훈련이 강화되어야 하고 외부의 감시, 감독이 있어야 하죠. 그래야 시민들이 납득할 수 있을 테니까요. 공권력에 종사하는 분들이 법률 지식뿐만 아니라 인권에 대한 감수성이 높아져야 해요. 그런 분들이 경찰관이 되고 검사가 되고 교도관이 된다면 지금 같은 갈등은 줄어들지 않을까요? 우리가 수십 년 동안 독재 정권하에서 고통받았기에 공권력은 스스로 정당성을 얻기 위해 더욱 노력해야 합니다. 과거 오랫동안 공권력이 독재 정권을 유지하기 위한 수단으로 악용되었기 때문입니다. 물론 그렇더라도 '시민의 폭력'은 정당한가 하는 문제는 남겠지요.

우리나라 역사를 보면 국가기관이 동원된 불법적인 선거부정 행위가 있었고 정치 공작, 야당 탄압이 있었습니다. 시민의 권리를 짓밟고 민주주의를 유린했습니다. 여기에 맞서 많은 국민들이 싸웠고 결국 오늘날 민주주의를 일구어냈죠. 이때 나온 말이 '국민의 저항권'입니다. 부당한 정치권력과 이를 위해 동원된 공권력의 폭력에 맞서 싸우는 것은 정당하다는 주장입니다. 비록 그것이 폭력적인 방식이더라도 말이지요.

어떻습니까? 국가의 폭력에 저항하는 시민들의 폭력은 그 자체로 정당한가요?

최근 세계는 중동에서 오랜 독재 정권들이 무너지는 장면을 지켜보았습니다. 이집트가 그랬고 리비아, 시리아가 그랬지요. 무장한 군인들에 맞서 시민들이 들고 일어났습니다. 맨손으로 싸우기도 하고 때론 총을 들고 직접 전투에 나서기도 했지요. 많은 이들이 국가권력에 맞서 싸운 이들의 폭력에 '저항권'이라는 정당성을 부여했습니다.

눈을 돌려 미국에서 일어난 사건을 살펴보겠습니다. 경찰이 흑인 소년을 총으로 살해한 사건이 있었습니다. 경찰은 정당한 공권력 사용이라고 말했지만, 현장 CCTV를 통해 과도한 법집행이었다는 사실이 드러나지요. 그러자 흑인들이 들고일어납니다. 시위는 물론 곳곳에서 상점이 털리고 범죄가 일어나는 등 도시는 혼란에 휩싸입니다. 도시 기능이 마비되자 비상사태를 선포하고 군대가 주둔한 후에야 사태는 진정됩니다. 이들에게도 '저항권'을 적용할 수 있을까요?

어떠한 상황에서 어느 선까지의 폭력을 저항권이라고 할 수 있을지 답을 내기는 어렵습니다. 오로지 당사자만 알 수 있어요. 내가 이 행위를 하는 순간, 부당한 공권력과 맞서기 위해 폭력을 썼는지, 사적인 감정 때문이었는지 따져볼 수 있는 사람은 자기 자신입니다. 경찰도 마찬가지예요. 내가 다른 모든 평화적인 수단을 생각했는지, 나의 진압 행위에 정당한 법적 근거가 있는지 살필 수 있는 건 경찰 자신입니다.

저도 경찰관 생활을 했습니다만, 폭력이 더 필요한지 여부를 판단할 수 있는 순간이 있어요. 예를 들어 범인을 제압할 때, 이 정도면 더는 저항 못 할 거라고 느낄 때가 있습니다. 거기서 멈추지 않고 개인적인 감정 때문에 계속 폭력을 가했다면 그 순간 경찰관의 정당한 법집행이 아닌 사적인 폭력이 되는 거예요. 제삼자로선 알기 어렵죠.

마치 의료사고를 둘러싼 분쟁과 같습니다. 수술 과정에서 심각한 손상을 입거나 때로 사망에 이르게 되어도 그것이 의사의 실수임을 증명하기란 매우 어려운 일이에요. 생명을 구하고자 최선을 다했지만 어쩔 수 없었는지, 아니면 과실이었는지 가장 잘 알고 있는 것은 당사자뿐입니다. 학교도 그렇지요. 학생들을 평가할 때 공정하고 객관적이었는지 사적인 감정에 의한 것인지 알 수가 없어요. 교육적인 평가와 비판, 훈육의 경계가 모호할 때가 있습니다.

국가의 폭력에 대한 저항권도 그렇다고 생각합니다. 과연 어느 선까지 가능한가. 시민으로서의 자유와 권리의 한계선을 판단할 때 가장 잘 알고 있는 것은 본인이라는 거에요. 내가 부당한 국가 권력에 저항한 건지, 아니면 또 다른 폭력을 행사한 건지, 가장 잘 판단할 수 있습니다. 주변에서는 결과만 놓고 판단해야 하지만 당사자는 동기가 있잖아요. 이것을 두고 법적으로 다투는 것은 다른 차원의 문제입니다. 정확하지도 않고요. 폭력 장면만 채증 당해서 억울하게 처벌을 받는 경우도 많습니다.

법 집행 현장에는 참 많은 오해와 혼란들이 섞여 있습니다. 경찰도 어려움을 호소해요. 시민들이 비판하면 당신들이 현장에 있어 보았느냐고 항변합니다. 인권 침해로만 보기에는 상황이 너무 심각할 때도 있고 나쁜 의도로 폭력을 조장하는 사람들이 있다는 거예요. 실제로 만나서 얘기를 해보면 인권단체나 시민단체를 부정적으로 봅니다. 자기들이 법 집행을 하는데 이런저런 이유로 꼬투리나 잡으려고 한다고 생각해요. 그래서 인권 교육 등에서 그들도 공권력이기 이전에 한 명의 시민이고 인간으로서 권리를 갖고 있다는 공감대를 형성하는 것이 중요합니다. 결론적으로 말씀드려서, 저항권을 '폭력과 그에 대항하는 폭력'으로 보면 정당성을 따지기가 어렵습니다. "나쁜 폭력에 대한 폭력은 무조건 옳다"거나 "어떤 폭력이든 폭력은 무조건 나쁘다"는 식의 극단적인 결론에 도달할 수 있기 때문이에요. 국가권력에 대한 저항권은 그 동기와 과정을 살펴야 합니다. 그러려면 시민은 물론 법을 집행하는 주체들이 올바른 인권 감수성을 가지고 있어야 합니다.

나는 왜 너를 괴롭히는가? - '갑질'의 이면

우리 사회는 강자가 지배하는 사회입니다. 사회적으로 성공한 사람과 그렇지 못한 사람의 차이는 하늘과 땅만큼이나 큽니다. 차별이 일상화되어 있지요. 소위 말하는 '갑질'이 만연하고 있습니다. 어떤 때는 노골적이고 어떤 때는 은근하게 진행되지요. 그러나 본질은 다르지 않습니다. 강자가 약자를 지배하고 통제한다는 점이지요. 이렇게 폭력에 노출된 약자는 정신적으로도 깊은 상처를 받습니다. 수치심과 무력감을 느끼게 되죠. 그러면 가해자는 어떨까요? 자기 힘과 권력을 행사했으니 기분이 좋겠지요? 그렇다고 마냥 행복해할까요?

정상적인 사람이라면 죄책감을 느낍니다. 어려서부터 배워온 게 있잖아요. 약한 사람 괴롭히지 마라, 힘세다고 자랑하지 마라, 폭력은 나쁜 것이다…, 우리에겐 '상식'이라는 게 있습니다. 그래서 가해자들은 자기의 폭력을 정당화하고 합리화시키기 위해 애씁니다. 이건 범죄자들의 기본적인 심리이기도 해요. 죄를 저지른 사람들이 어떤 반응을 보이는지 한번 볼까요?

우선 죄가 드러났을 때, 첫 번째 보이는 반응이 '부정'입니다. 자기가 한 게 아니라는 거예요. 그런 적 없다고 발뺌합니다. 때로는 자기도 그렇게 믿어요. 인간의 사고라는 게 불합리한 측면이 있잖아요. 남을 속이기도 하고 스스로를 속이기도 합니다. 그러다 증거가 나오면 어떻게 합니까? 다른 사람 즉 피해자에게 그 책임을 떠넘깁니다. 저 사람이 먼저 때렸다, 저 사람이 나를 화나게 했다, 저 사람은 당해도 싸다…, 이렇게 나오는 겁니다. 사회적 약자에 대한 폭력도 그런 양상을 띱니다.

예컨대 성적 소수자에 대한 괴롭힘이 있습니다. 사회 현장에서든 온라인상에서든 다양한 형태의 공격이 행해지고 있는데, 가해자들의 논리는 항상 같습니다. "동성애는 악이다 → 악은 없애야 한다 → 따라서 우리들의 행위는 정당하다." 어떤 사람들은 동성애가 불법이라며 잡아들이라고 선동합니다. 하지만 우리나라에서 동성애는 불법이 아닙니다. 외려 동성애에 대한 차별이 불법이지요. 우리나라 국가인권위원회법 제2조 3항은 성적 지향 등을 이유로 한 차별행위에 대해 "평등권 침해의 차별행위"로 분명하게 규정하고 있습니다.

좋고 싫고는 감정의 문제이기 때문에 누구도 강요할 수 없습니다. 성적 소수자를 싫어한다고 해서 간섭할 수는 없어요. 하지만 그들이 그런 감정을 폭력적으로 드러내는 것은 범죄입니다. 말과 글로 공격하고 모욕하는 행위는 개인감정 차원을 넘어서는 사회문제입니다. 그럼에도 다양한 근거를 들어 성적 소수자가 악의 근원인 양 주장하는 사람들이 있지요. 우선 종교적인 이유를 들죠. 성경에서 금지했다거나, 하나님의 뜻에 반하는 존재라고 비난합니다. 또는 에이즈라는 무서운 병을 감염시키는 주범으로 낙인찍기도 하지요. 종교를 신앙이 아닌, 진리로 떠받드는 분들에겐 뭐라고 할 말이 없습니다만, 에이즈의 원인이라는 말은 사실과도 다릅니다. 에이즈 확산의 주범은 동성애가 아니라 위험한 성행위라는 점을 명확히 알아야 해요. 그러나 아무리 사실을 말해도 사람들은 듣지 않습니다. 왜냐하면 혐오는 '감정'이기 때문입니다. 그냥 싫은 거예요. 합리적 근거는 그다음입니다. 이런 분들은 이성적으로 설득하기가 대단히 어렵습니다.

우리가 성 소수자에 대한 차별에 관심을 두는 이유가 그것입니다. '자기와 다른 것에 대한 혐오'야말로 인류의 적이기 때문이에요. 인간의 역사는 이를 잘 보여줍니다. 과거 인종주의가 그랬지요. 단지 피부색이 다르다는 이유로 수많은 인간을 학살했습니다. 심지어 독일인들은 같은 백인인 유대인들을 집단학살했지요. 일본 제국주의자들은 조선인들을 잡아다 생체 실험을 하기도 했습니다. 그들에게 자기 이외의 사람들은 열등한 인종이자 이등 시민이고 더러운 존재에 불과했어요. 말살의 대상이었던 겁니다.

만물의 영장이라고 자부했던 인간이, 이처럼 상상할 수 없는 범죄를 저지른 이유가 무엇일까요? 어쩌면 인간에겐 잔인한 폭력 본능이 있는 건 아닐까요? 비극의 역사를 지켜본 인류는 반성을 거듭했습니다. 그리고 마침내 생각해낸 것이 '인권'이에요. 인간은 누구나 고귀하고 소중한 존재로 그 누구도 성별, 종교, 장애, 나이, 피부색 등을 이유로 차별해서는 안 된다는 것이에요. 그러한 합의가 세계대전 이후에 전 세계적으로 이루어졌습니다.

범죄심리학자로서 제가 이 부분에 주목하는 것은 '내가 소중하듯이 상대도 소중하다'는 개념이 범죄를 예방하는 데도 매우 중요하기 때문입니다.

가해자들의 상당수는 학대의 피해자인 경우가 많습니다. 집이나 학교에서 폭력을 당했다는 거예요. 그래서 자존감도 상당히 낮습니다. 어려서부터 학대를 당했기 때문에 자기 자신을 매우 수치스러운 존재로 생각합니다. 여기에 대한 분노가 가슴속에 남아 있다가 어떤 대상을 향해 폭발하게 되는 거예요. 가해자들의 마음 깊은 곳에는 보잘것없는 자기 존재를 남들이 알아챌지도 모른다는 두려움이 있습니다. 약자를 괴롭히는 사람이 사실은 자기도 약자라는 사실이 드러날까 봐 전전긍긍한다는 사실이 참으로 놀랍지 않습니까? 만약 사람들이 나나 상대방이 그 자체로 소중한 인격체라는 사실을 이해하게 된다면 범죄도 줄어들 것입니다.

우리는 누군가에게는 강자일 수 있지만 반대로 누군가에게는 약자일 수 있습니다. 한국이 지금은 세계적인 무역대국으로 성장했지만, 누군가에겐 여전히 아시아의 작은 나라에 불과해요. 외국인 노동자에게 우리보다 못사는 나라에서 왔다며 무시하는 사람도 인종차별이 심한 유럽 어느 지역에 가면 유색 인종으로 손가락질 받습니다. 상대적인 거예요. 그러니 인종차별에 대한 반대는 결국 나를 위한 일인 겁니다.

돈 많고 권력 있는 사람도 자기보다 힘센 사람 앞에서는 약자가 됩니다. 세상에 절대적 강자란 존재하지 않아요. 그 자신도 이런 사실을 잘 알고 있습니다. 그래서 힘이 셀수록 힘을 두려워하고 돈이 많을수록 돈의 노예가 됩니다. 내가 언제든 약자가 될 수 있다는 두려움 때문이에요.

앞서 말씀드린 폭력의 사례들에서 가해자들은 순수하게 가해 역할만 했을까요? 폭력은 학습됩니다. 그들도 어느 순간 폭력에 노출되었던 것이고 마음 깊은 곳에서는 또다시 그런 폭력의 희생자가 될지도 모른다는 두려움이 있는 거예요. 그걸 감추기 위해, 힘을 과시하기 위해 폭력을 행사합니다. 제가 범죄 사례를 보면서 느낀 점은 끔찍한 사건을 일으킨 범죄자를 실제 만나 보면 아주 평범해 보인다는 거예요. 우리가 영화나 소설에서 보듯이 험상궂고 딱 봐도 '범죄형'인 사람은 극히 드뭅니다.

미국의 예일대 심리학 교수 스탠리 밀그램의 실험은 이를 잘 보여주지요. 실험 참가자들은 교사의 역할을 맡습니다. 그리고 이들에게 문제를 틀린 학생에게는 전기충격을 가하라는 요구를 하지요. 이러한 명령에 얼마나 사람들이 복종할 것인가를 알아보려는 취지였습니다. 사실 전기충격기는 가짜였고, 배우가 학생 역할을 맡아 전기가 오른 것처럼 연기했지요. 그런데 결과는 충격적이었습니다. 참가자의 65퍼센트가 사람이 죽을 수도 있다는 사실을 잘 알면서도 명령대로 450볼트의 전기충격을 가합니다. 밀그램은 이 실험을 통해 조직 안에서는 보통 사람도 악마가 될 수 있다는 결론을 내리지요. 그러면서 이런 현상을 '루시퍼 효과'라고 불렀습니다.

멀쩡하던 사람도 폭력적인 환경에 노출되면 자연스레 가해자가 됩니다. 어느 영화에서 본 장면입니다만, 교도관 한 명이 아주 친한 수감자 두 명을 불러 세워 서로 때리게 합니다. 처음에는 서로 눈치를 보지요. 그러다 강요에 의해 어쩔 수 없이 한 친구의 뺨을 때립니다. 교도관은 더 세게 때리라고 명령을 내리지요. 친구는 그렇게 합니다. 결국 서로 울면서 미친 듯이 뺨을 때립니다. 처음 가졌던 미안한 마음은 이제 사라진 듯 보입니다. 그렇게 악마가 되어

가는 거예요. 극단적 상황이긴 합니다만, 우리 사회에는 이렇게 서로가 서로에게 폭력을 강요하는 부분이 있습니다. 보통 사람들도 내가 저 사람을 제치지 않으면, 저 사람을 밟고 올라서지 않으면 살아남을 수 없다는 메시지를 계속 받고 있잖아요.

'갑질'이라는 것은 이러한 사회적 환경에서 나온다고 생각합니다. 어느 개인이 나빠서가 아니에요. 폭력을 조장하는 분위기에서는 그 누구도 피해자가 될 수 있습니다. 내가 힘이 세다고 해서 안심할 게 아니라는 거예요. 정말 우리가 폭력에서 벗어나려면 폭력을 정당화하는 논리부터 깨야 합니다.

다시, 인간 본성을 묻는다

지금까지 우리가 폭력의 여러 측면들을 살펴봤습니다. 저도 늘 느끼는 것이지만, 폭력 사례들을 보다 보면 정말 인간에게 희망이 있나, 회의를 느낄 때가 많아요. 쉽게 폭력에서 벗어날 방법이 보이지 않기 때문이에요. 지금 이 시간에도 얼마나 많은 폭력이 벌어지고 있습니까? 폭력을 더 큰 폭력으로 막아야 한다는 주장도 동의하기가 어렵습니다. 폭력은 폭력을 부추길 뿐입니다. 그래서 사람들은 폭력은 어쩔 수 없는 것이다, 강한 자가 살아남는 것은 자연의 법칙이라고 말합니다. 맞는 말일 수도 있어요. 자연의 질서는 항상 적자생존을 향합니다. 우리가 알고 있듯이 사자나 호랑이 같은 맹수들은 약한 새끼는 돌보지 않습니다. 죽게 놔둬요. 어차피 살아남을 수 없으니까요. 우리는 이런 맹수들을 비난할 수 없습니다. 그것이 동물들의 생존 본능이니까요. 하지만, 인간에게는 또 다른 생존 본능이 있습니다. 바로 '돌봄'이에요. 사회적 동물로서의 인간은 동료를 아끼고 약자를 배려하면서 진화해왔습니다. 그렇게 해야 종족의 번성을 이룰 수 있었기 때문이에요. 사람들은 인간의 이러한 공동체적 특성을 종종 간과합니다.

우리에게 남아 있는 이타심, 도덕이나 윤리의식 같은 것이 이성적 산물만은 아닙니다. 진화 과정을 통해 인류의 DNA에 새겨진 것이에요. 약자를 보호하는 게 결국은 인류 전체의 발전에 유리하다는 사실을 우리는 이미 알고 있습니다. 저는 여기에 희망이 있다고 생각해요.

인간은 다른 동물들과 달리 오랜 성장 기간을 거칩니다. 뱃속에서 열 달을 지내다 나와서 영·유아기를 보내지요. 이 시기 인간은 태어나자마자 뛰어다니는 동물들에 비해 무력하기 짝이 없지요. 부모의 돌봄이 없으면 생존할 수 없습니다. 우리는 그 시간 동안 타인에 대한 배려와 공감을 배웁니다.

원시 시대를 한번 상상해볼까요? 무리지어 집단생활을 하던 부족이 있습니다. 이들은 무리 생활이 생존에 유리하다는 사실을 아주 잘 알고 있습니다. 그런 상황에서 누군가 몸을 다쳐요. 함께 이

동할 수도 사냥을 할 수도 없습니다. 이 집단은 어떤 결정을 내리게 될까요? 다른 동물들이라면 죽게 놔두었을 겁니다. 하지만 이들은 다친 사람을 치료하고 돌봅니다. 그가 상처를 치유하고 회복되는 것이 부족의 생존에 유리하기 때문입니다.

이것은 우리 인간만이 가지는 특성이에요. 인간은 사회적 동물이기 때문에 약자를 보호하고 함께 가는 것이라고, 저는 생각해요. 오랜 진화의 경험에서 얻은 지혜라고 할까요. 어떤 이들은 인간의 동물적인 측면을 강조하지만 저는 양쪽을 다 같이 봐야 한다고 생각합니다.

사람은 누구나 행복하게 살고자 합니다. 그러나 그 행복이 타인의 불행을 전제로 하지는 않아요. 우리는 내가 잘돼도 행복하지만 다른 사람이 행복해하는 걸 보면서도 행복해하는 존재입니다.

배고픈 사람 앞에서 값비싼 음식을 먹는 사람이 정말 행복할 수 있을까요? 죄책감을 묻는 것이 아닙니다. 인간은 기본적으로 타인의 불행에 공감하고 그 사람을 행복하게 하려는 본성이 있다는 말씀을 드리고 싶은 거예요.

폭력은 피해자는 물론 행위자도 불행하게 합니다. 권력을 행사하면서 쾌감을 느끼는 사람도 마음 깊은 곳에서는 인간성 상실을 경험하고 있는 거예요. 다른 사람의 고통이 결코 나에게 행복일 수 없습니다. 타인의 고통을 부정한다고 해서, 당장 눈앞에서 치운다고 해서 행복해지지도 않습니다. '갑질'은 폭력을 폭력으로 갚는 방식입니다. 내가 강하다고 느끼면서, 내가 더 이상 약자가 아님을 확인하면서 느끼는 일시적인 감정일 뿐이에요. 우리가 정말 행복해지려면, 그 반대여야 합니다. 약자를 배려하고 보살펴야 해요. 그게 우리 인간의 본성입니다.

부디 오늘 나눈 이야기가 폭력과 인간성에 대해 깊이 성찰해보는 계기가 되었으면 합니다. 강의는 이것으로 마치겠습니다. 감사합니다.

2강

국가냐 개인이냐

오인영

다수를 위한 소수의 희생은 정당한가?

오
인
영

19세기 자유주의 연구로 고려대학교에서 박사학위를 받았으며, 고려대학교 역사연구소 연구교수로 있다. 고려대학교 최우수 강의상인 '석탑강의상'을 열 차례 이상 수상했으며, 논문으로는 「자유주의의 진화과정에서 본 신자유주의」, 「어느 역사학자의 자기반성」 등이 있고, 『과거의 힘』을 번역했으며 공저로 『나 우리 반항』, 『인문학이 인권에 답하다』 등이 있다.

여러분, 만나서 반갑습니다. 오인영입니다.

얼마 전에 〈암살〉(2015년)이라는 영화를 보았습니다. 거기 나오는 배우들이 미남, 미녀인 데다가 아주 멋쟁이더군요. 영화를 본 제 아이 말로는 "배우들 '핏'이 좋다"고 합니다. 그동안 독립운동을 다룬 영화를 여럿 보았습니다만, 그중에서도 가장 '고급스러운' 것 같습니다. 영화적 재미도 있어서 많은 관객을 동원한 것으로 알고 있어요.

인상적이었던 것은 영화뿐만이 아니었습니다. 제 기억이 맞는다면, 최동훈 감독은 어느 인터뷰에서 이런 취지로 말하더군요. 독립운동 영화는 이야기의 한계가 있다. 사람들이 역사적인 결말을 알고 있기 때문이다. 해방이 되었지만 친일파가 득세하고, 분단 후에는 미국을 등에 업고 승승장구한다…. 감독은 영화에서나마 독립군을 멋지게 표현하고 싶었다고 합니다. 그래서 전지현이라는 배우를 주인공으로 삼고 일부러 의상도 신경을 썼다고 합니다. 우리가 보통 '독립운동' 하면 고통, 희생, 좌절, 이런 걸 연상하는데 감독은 영화를 통해 그런 이미지를 바꾸고 싶었던 듯합니다. 현실을 꼭 사실주의적으로 그리지 않아도 된다는 일종의 '영화적 관습'을 이용한 셈이라고나 할까요.

제가 드리려는 말씀은 영화에는 영화적 문법이 있고 소설에는 소설적 작법이 있듯이 강의에도 고유의 방식이 있다는 것입니다. 지리멸렬하고 짜증 나는 현실을 나름의 방식으로 극복해보자는 거예요. 진지하고 중요한 주제라고 해서 강의가 꼭 엄숙하고 비장할 필요는 없다고 생각합니다. 그렇다고 제 강의에 전지현 같은 멋진 배우가 등장하지는 않습니다만. (웃음)

민주주의의 세 가지 원리

제가 오늘 말씀드릴 이야기는 '민주주의 위기와 지배계급의 논리'에 대한 것입니다. 우리가 먹고사는 것과 크게 관련이 없고, 관념적으로 보이기까지 하지요. 묵직한 주제여서 다루기가 쉽지도 않고요. 게다가 '민주주의'라는 말 자체가 나오는 걸 별로 좋아하지 않는 시절이기도 하고요. 그럼에도 이 주제를 선택한 것은 무겁다고 손 놓고 있을 문제가 아니기 때문이에요. 앞서 말씀드렸듯이, 현실이 암울하다고 해서 강의까지 그럴 필요가 없다는 생각입니다.

이명박 정부와 박근혜 정부가 들어서면서 이런저런 변화가 참 많았지요. 개인적 신상과 관련해서 제일 큰 변화는 탈모입니다. 이마는 점점 넓어지는데 어떻게 손쓸 수가 없어요. (웃음) 사회적으로는 '민주주의의 위기'가 가장 큰 변화라고 생각합니다. 충격적 사건들이 워낙 많이 일어났던 탓에 이걸 제일 큰 문제로 볼 수 있나 싶지만, 민주주의의 위기는 다른 문제의 해결까지도 어렵게 한다는 점에서 이 주제로 이야기를 나눠볼까 합니다.

참고할 텍스트가 두 개 있습니다. 첫 번째는 구조주의 문학 이론가로 유명한 츠베탕 토도로프(Tzvetan Todorov)가 쓴 『민주주의 내부의 적』(김지현 옮김, 반비)입니다. 두 번째는 경제학자인 앨버트 허시먼(Albert. O. Hirshman)이 쓴 『반동의 수사학 *The Rhetoric of Reaction*: *Perversity*, *Futility*, *Jeopardy*』입니다. 이 책은 지난 200년 동안 서구의 지배세력이 자신의 기득권을 유지하기 위해 내세웠던 논리를 수사학 측면에서 검토한 책인데요, 우리나라에서는 『보수는 어떻게 지배하는가』라는 제목으로 번역되었습니다(이근영 옮김, 웅진지식하우스). 그럼, 이 두 권의 책을 길라잡이 삼아서 이야기를 시작하겠습니다.

우선 '민주주의의 위기' 이야기부터 하지요. 츠베탕 토도로프는 위의 책에서 민주주의 체제를 구성하는 기본 원리로 세 가지를 꼽습니다.

첫 번째는 '주권재민' 즉, 권력이 인민에게 있다는 거예요. "대한민국의 주권은 국민에게 있고, 모든 권력은 국민으로부터 나온다"라는 우리 헌법 제1조 2항에서도 확인할 수 있듯이, 주권재민은 민주주의 제1의 원리입니다. 오늘날 이 원칙은 너무도 당연해서 아무도 토를 달지 못합니다. 한 나라의 주인이 왕이나 특정 신분에 속한 귀족이나 권력자가 아니라 국민이라는 뜻이잖아요. 그러나 200년 전에도 그랬을까요? 아시겠지만, 봉건 시대에는 왕이 지배했습니다. 그런 상황에서 국민이 권력의 원천이라고 했다가는

목숨이 위태로웠겠지요. 아, 지금도 그런가요? (웃음)

왕이 주인 행세를 했던 절대왕정이 무너진 과정을 보면 주권재민의 원칙이 어떻게 실현되었는가를 알 수 있습니다. 프랑스는 시민혁명을 통해서 왕정을 폐지하고 공화정을 세웠지요. 영국은 의회 권한의 점진적 확대를 통해서 입헌군주제를 확립했습니다. 군주제를 유지는 하되 실질적인 정치권력을 왕이 아니라 국민이 선출한 의회가 가졌어요.

우리나라는 좀 특수한 경우이지요. 외세의 침략으로 왕정이 무너지고 식민지와 해방을 거쳐 민주주의라는 정치제도가 도입됩니다. 비록 외부에서 '도입'됐지만, 역사적으로 민주화 투쟁을 경험하면서 국민이 국가의 주인이라는 것만큼은 누구도 부인할 수 없는 상식이 되었습니다. 그럼에도 한반도에는 아직도 봉건적 잔재가 남아 있어요. 북한의 권력 세습은 말할 것도 없고, 그런 행태를 비판하는 우리나라도 재벌들의 소위 '세습 경영'이 버젓이 존재합니다. 소위 일류 기업이라는 삼성도 3대째 세습 경영을 하고 있지요. 이재용 씨는 1990년대 중반 61억 원을 증여받아서 16억 원의 증여세만 내고서 지금은 약 8조 원 가까운 재산을 보유한 삼성의 '후계자'가 되었습니다. 이것은 그가 이건희 씨의 아들이었다는 이유를 빼고는 설명이 안 됩니다. 이건 일종의 신분 세습이지요.

혈통과 가계를 바탕으로 권력이나 금력을 이어가야 한다는 생각은 200년 전에나 상식이었습니다. 그러나 지금은 아무리 봐도 시대착오적이지요. 이런 현실은 우리가 추구하는 '자유시장경제'가 사실은 허울에 불과하다는 생각이 들게 합니다. 애초에 시장자유주의를 주창한 애덤 스미스가 우리의 현실을 본다면 한숨을 내쉴지도 모르죠.

그러면 민주주의가 정착되기 전, 왕이 권력을 독점하던 군주제의 논리란 무엇이었을까요? 대표적인 게 '왕권신수설'입니다. 왕의 권력은 신(神)으로부터 받았다는 거예요. 아시겠지만 당시 유럽은 신을 믿는 사회였습니다. 모든 게 신으로 통해요. 그런 상황에서 신으로부터 권력을 받은 왕은 신과 다름없는 존재가 됩니다. 그래서 당시 사람들은 실제로 왕을 '살아 있는 신'으로 받아들였습니다. 지금 생각하면 황당하지만, 우리나라에도 그런 사고의 잔재가 남아 있어요. 예컨대 경상도의 어느 시장(市長)이 박정희를 반인반신(半人半神)으로 하늘이 내린 인물이라고 말했답니다. 그만큼 절대적인 존재이니 박정희를 거역하는 것은 신의 뜻을 저버리는 불경죄가 되겠죠. 자연스레 독재가 합리화됩니다. 게다가 논리적으로 볼 때 반인반신의 목표는 궁극적으로 완전한 신이 되는 것입니다. 인간적인 면, 사랑이니 연민 같은 감정들은 벗어나야 할 감상에 불과합니다. 그러니 인권이니 주권재민이니 하는 것들을 생각할 이유가 없죠. 지역적 특수성을 감안하더라도, 민주주의 시대엔 있을 수 없는 시대착오적 발상입니다.

국가냐 개인이냐

오늘날 민주주의 사회는 인간의 존엄과 가치를 우선으로 합니다. 인권은 국가의 핵심적 가치일 뿐만 아니라 시대정신이 되었지요. 그래서 '민주주의의 위기' 혹은 '민주주의의 후퇴'라는 말은, 단지 군주제로 돌아갔다는 게 아니라 인간의 존엄이 퇴행하고 위험에 처해 있다는 뜻입니다. 역사학자의 눈으로 보자면 이거야말로 역사적 낭비입니다. 미래를 향해 나아가야 할 때, 외려 뒷걸음질치는 것이니까요. 더는 겪지 않아도 될 구악들이 반복됩니다. '역사적 낭비'라는 말이 추상적으로 들릴 수도 있겠지만, 현실에서 우리가 겪는 피해는 구체적이고 막대합니다. 역사적 낭비는 결국 그 무엇과도 바꿀 수 없는 인간의 존엄한 생명을 위태롭게 만들기 때문입니다.

민주주의가 제대로 작동했다면 '4대강 사업' 같은 퇴행적 토목 공사가 벌어지지 않았을 것입니다. 그 결과가 어떻습니까? 환경이 파괴되고 그 안에서 살아가던 생명이 사라집니다. 생명이 죽어가는 곳에서 인간이 살 수 있습니까? 그럼에도 무려 22조 원이라는 엄청난 돈을 들여 강행했습니다. 정상적인 민주 사회였다면 그 돈을 훨씬 더 가치 있는 일에 썼겠지요.

4대강 사업의 후유증은 앞으로도 심각할 것입니다. 지금도 당시 마구잡이로 써버린 돈 때문에 비어버린 국고를 국민 세금으로 충당하고 있잖아요. 대표적인 게 담뱃값 인상이죠. 정부가 국민 건강을 위해서 담뱃값을 올렸다고 믿는 분은 아마 없으실 겁니다.

나라의 주인인 국민의 반대를 무릅쓰고 특정 세력들이 국정을 농단했을 때, 그 피해를 고스란히 전 국토와 전 국민이 보는 거예요. 그럼에도 사람들은 이것을 민주주의의 문제로 보지 않습니다. 민주주의를 절차의 측면에서만 이해하기 때문이에요. 민주주의의 위기를 말하면 "그렇다면 지금이 왕정 시대라도 된다는 말이냐?" 라고 대꾸하는 것도 이런 이유입니다. 각자도생(各自圖生, 제각기 살아갈 방법을 꾀한다는 뜻), 만인의 만인에 대한 경쟁 사회가 되어버린 지금의 현실을 민주주의의 문제와 연결 짓지 않습니다.

하지만 절대군주를 몰아내고 공화정을 시작했을 때 사람들의 머릿속에 절차적 문제가 중요했을까요? 그렇지 않습니다. 당시 신분제를 타파한 사람들은 어떻게 하면 개개인의 존엄성을 최우선의 가치로 하는 나라를 세울지 고민했습니다. 그 결과 법을 만들고 권력을 나누고 그 권력을 국민이 직접 뽑는 절차적 원칙이 나온 거예요. 선거제도나 삼권분립은 인권 보장이라는 목적을 위한 수단입니다. 그런데도 우리는 '민주주의=선거, 혹은 삼권분립'으로 이해하면서 형식적으로 민주주의/독재를 구분하는 경향이 강합니다.

민주주의의 역사가 오래된 나라의 정치는 개개인의 삶을 어떻게 향상시킬 것인가에 주안점을 둡니다. 왕정 시대에는 민생의 책임을 왕이 졌고 민주주의 사회에서는 국민 스스로 진다는 차이점이

'민주주의의 위기' 혹은
'민주주의의 후퇴'라는 말은,
단지 군주제로 돌아갔다는 게 아니라
인간의 존엄이 퇴행하고 위험에
처해 있다는 뜻입니다.
역사학자의 눈으로 보자면
이거야말로 역사적 낭비입니다.

있지요. 조선 시대에 가뭄이 든다거나 역병이 돌면 왕이 직접 나서서 사태를 수습했습니다. 기우제도 지내고 무상으로 의료도 제공했습니다. 왕은 자신의 부덕(不德)으로 이런 일이 벌어졌다고 말했죠. 백성들이 그나마 위안을 받았습니다. 사실 가뭄이나 역병은 누구의 잘못도 아니잖아요. 자연재해니까요. 그럼에도 국왕이 자신의 잘못이라고 말하는 것은 민생을 책임지는 사람으로서 의무를 다하지 못했다는 고백이었습니다.

최근에 독일의 메르켈 총리가 과거사를 언급하면서 또다시 반성한다고 말했죠. 메르켈이 당시 유대인 학살에 관여한 사람은 아니잖아요. 그럼에도 공식적으로 사과를 언급한 것은 국가수반이기 때문입니다. 과거에 저지른 잘못을 반성하면서 피해자에게는 용서를, 국민들에게는 그런 잘못을 다시 범하지 말자는 다짐을 하는 것이지요. 이야기가 잠시 벗어났지만, 민주주의 사회에서 권력은 주권재민과 민생이라는 기본에 충실해야 한다는 것을 강조해서 말씀드리려는 뜻이었습니다.

다시 민주주의의 원칙으로 돌아가면 첫째로 민주주의란 주권이 국민에게 있다는 걸 전제로 합니다. 국민이 주권을 행사하는 이유는 인간답게 살기 위해서입니다. 여기서 '인간답게 산다'는 것은 생활에 필요한 재화의 충족뿐만 아니라 생명과 자유의 안전한 향유도 포함합니다. 민주주의 사회에서 정치권력은 이러한 목적을 위해 위임된 것에 불과해요. 기한도 있습니다. 우리나라는 국회의

원 4년, 대통령 5년 임기이지요. 쉽게 말하면 이들은 국민이 공공선(公共善)의 증진을 위해 고용한 '계약직 고용인'입니다.

그렇다면 질문을 해봅시다. 지금 우리나라 정부는 국민의 생명과 안전을 제대로 지키고 있는가? 국민의 자유를 보장하기 위해 노력하는가? 안타깝게도 그렇다고 말하기가 어렵습니다. 세월호 참사가 일어났을 때 얼마나 많은 이들이 가슴 아파했습니까? 국가가, 어른들이 아이들의 생명조차 지키지 못했다는 사실에 얼마나 많이 분노하고 자책했습니까? 민주주의 사회에서 권력의 가장 중요한 책무는 개인의 생명과 자유와 재산의 보호입니다. 그런데 그러지 못했지요. 더구나 사후에 사죄는커녕 책임지려는 모습조차 보이지 않았습니다.

우리가 바라는 삶은 단순합니다. 열심히 일하고 일한 만큼 정직하게 벌어서 큰 탈 없이 행복하게 사는 거지요. 국가는 이런 보통 사람들의 꿈을 이뤄주기 위해서 존재하는 거예요. 국가를 위해 국민의 삶이 존재하는 것이 아닙니다. 그럼에도 우리는 국가가 개인의 삶을 보호하기는커녕 외려 윽박지르는 현실을 봅니다.

세월호 분향소에 아이를 잃은 어머니가 남긴 글이 있었습니다. 지금도 그때 생각을 하면 가슴이 뭉클한데요, "네가 있을 때는 가난해도 행복했으나 이제 네가 가고 없으니 가난만 남았구나!"라는 글귀였습니다. 국민 모두가 다 같이 잘 사는 나라를 추구한다고 해도 가난하게 사는 사람이 있을 수 있습니다. 그러나 가난이 곧 비참한 삶일 수는 없습니다. 가난해도 행복할 수 있고, 동서고금의 성현들은 오히려 청빈한 삶을 권장하기까지 했지요. 물질적으로 풍족하지 않아도 사랑하는 사람들, 좋아하는 일, 이루고 싶은 꿈이 있으면 행복할 수 있습니다. 그러나 세월호 유가족들은 그럴 수 없습니다. 그 글을 쓴 어머니는 아이의 웃는 얼굴을 다시 볼 수가 없습니다. 그 글은 유가족의 아픔은 물론 정부가 국민의 생명과 안전이라는 기본 의무조차 지키지 못하는 절망적인 현실을 보여주는 듯했습니다. 나라의 주인인 국민의 생명권을 소홀히 여기는 정부는 결코 민주주의 정부라고 할 수 없습니다. 민주주의는 주인인 국민의 생명과 자유를 보장하기 위해 만든 제도입니다. 이게 첫 번째 원칙이에요.

토도로프가 주권재민에 이어 민주주의의 원칙으로 꼽은 것은 바로 '개인의 자유'입니다. 그는 "개인이 자신의 의지를 공동체에 강요해서는 안 되며, 마찬가지로 공동체는 시민들의 사생활에 개입해서는 안 된다"면서 "인민주권과 개인의 자유라는 두 자율권은 상호 제한적" 관계에 있다고 주장합니다. 원리적으로 민주주의에서 개인은 국가보다 소중합니다. 국가는 그런 개인을 보호하기 위해 존재해요. 따라서 국가의 부당한 통제를 거부할 권리가 있습니다.

우리는 학교에서 국민으로서의 의무과 권리에 대해 배웁니다. 세금도 내고 남자는 군대도 다녀옵니다. 그런데 그 이유가 무엇입니까? 이것 역시 너무도 당연해서 한 번도 진지하게 생각해보지 않았을 수 있습니다. 그건 국민이 동의했기 때문입니다. "나는 세금을 낼 테니 국가는 나에게 복지 서비스와 연금을 지급하라." 이런 식인 거지요. "국민이니까 무조건 세금을 내야 한다"가 아닙니다.

의무는 국민만 있는 것은 아닙니다. 국가도 해야 할 일이 있어요. 바로 안보와 치안 유지, 복지 같은 것들입니다. 현대 국가에서 특히 복지가 중요하지요. 그래서 국가는 개개인의 삶에 깊숙이 개입하게 됩니다. 그러나 민주주의는 여기에도 한계를 둡니다. 국가가 개인의 삶을 속속들이 다 알려고 해서는 안 된다는 거지요. 오히려 개인의 자유로운 삶과 사생활을 보장해야 할 의무가 있습니다. 국가가 개인의 일거수일투족을 감시하고 통제한다면 이는 전제주의 국가나 다름없습니다.

민주주의가 발전한 서양에서는 특히 '개인의 영역'을 침해해서는 안 된다는 전통이 강합니다. 우리는 여기에 대한 문제의식이 상대적으로 낮죠. 은행, 통신사의 개인정보 유출 사건이나, 국정원의 불법 도·감청 사건 같은 경우도 이슈화되었다가 금세 사그라집니다. 장강(長江)의 뒤 물결이 앞 물결을 덮듯이, 더 큰 사건에 묻힌 탓도 있지만, 일찌감치 국가의 '규율적 통제'에 익숙해진 것도 이유라고 생각됩니다. 태어나자마자 주민등록번호가 매겨지고, 어린이집, 유치원에 가면 줄부터 섭니다. 학교에 가면 학번이 붙고 졸업하면 학연과 지연으로 얽힌 사회에서 생활하지요. '나'라는 개인보다 늘 어딘가에 소속된 '집단의 한 구성원'으로 살아갑니다. 그러다 보니 개인의 영역에 대해 둔감할 수 있어요. 그러나 아무리 친한 사이라도 나눌 수 없는 부분이 있듯이 모든 개인에게는 각자 고유의 영역이 있습니다. 민주주의 사회에서 국가는 이러한 개인의 영역을 침해할 수 없습니다.

"사람 나고 돈 났지 돈 나고 사람 났느냐"라는 말처럼 생겨난 순서를 따지자면, 사람이 먼저고 그다음이 국가예요. 특히 근대 국가는 주체적인 개인들이 모여 만든 '제도'입니다. 달리 말하면, 저마다 내가 인간답게 잘살려고 국가라는 수단적 기구를 만들었지 국가의 수단이 되려고 내가 태어난 게 아니라는 겁니다. 그러니 국가가 개인의 모든 것을 투명하게 들여다보려고 해서는 안 됩니다. 오히려 개인이 국가를 투명하게 볼 수 있어야 합니다. 현실적으로 국가는 공권력을 가지고 있으며 그것을 남용할 위험이 있기 때문입니다. 민주주의는 개인이 자신의 생활과 자유를 침해당하지 않고, 가급적 확대하기 위해서 만들어낸 것입니다.

토도로프가 꼽은 민주주의의 세 번째 원칙은 '진보'입니다. 민주주의 체제는 지금보다 바람직한 사회로 나가기 위해서 자유와 평등, 우애와 복지의 가치를 제도로서 보장하려는 노력을 기울인다는 거예요. 그리고 대개 이런 제도화 노력은, 공명정대한 선거를 통해 집권한 정부에 의해 추진됩니다.

예전에 고 김대중 대통령이 이런 말씀을 했습니다. "세상은 공산주의와 자본주의로 나누어지는 게 아니다. 민주주의를 하는 공산주의와 민주주의를 하지 않는 공산주의, 민주주의를 하는 자본주의와 민주주의를 하지 않는 자본주의로 나누어진다." 그래서 구소련이 해체된 이유를 사회주의 자체의 결함 때문이 아니라 민주주의와 결합하지 않은 데서 찾습니다.

19세기만 하더라도 서양에서 자유는 재산을 소유한 부르주아 계층의 자유를 뜻했습니다. 그러다 모든 사람에게 적용되었지요. 20세기에 들어서는 이 자유가 민주주의의 다른 원칙들과 합쳐지면서 오늘날 '자유민주주의'가 된 거예요. 사회주의자들의 비판을 받던 자유주의가 수 세기 동안 살아남을 수 있었던 이유는 보다 바람직한 쪽으로 '진보'했기 때문입니다. 자유주의는 민주주의를 받아들이고 자기 변신을 했습니다. 그렇게 해서 오늘날의 민주주의 국가가 된 것입니다. 반면에 민주주의를 하지 않은 사회주의는 폐쇄성으로 인해 무사안일의 관료주의, 특권주의 등이 팽배하면서 실패하고 말았다, 이렇게 볼 수 있는 거예요.

우리가 보통 민주주의라고 하면 추상적인 개념으로 받아들이죠. 지금 나의 삶과는 상관없는 걸로 생각하기 십상입니다. 그러나 개인이 안전하고 자유로운 삶을 영위하고 행복을 추구하기 위해서 민주주의는 꼭 필요합니다. 민주주의가 없으면 우리 사회는 만인의 만인에 대한 투쟁, 강자가 모든 것을 차지하는 약육강식의 세계가 되고 마니까요. 민주주의 체제에서만 우리는 이런 강자 독식의 불평등을 해소하고 더 나은 미래를 준비할 수 있어요. 따라서 더 나은 삶, 더 좋은 세상에 대한 희망이 점점 옅어지고 있다는 것은 민주주의의 위기가 심각해지고 있다는 증거라고 할 수 있습니다.

"민주주의 내부의 적"

지금까지 민주주의의 세 가지 원칙에 대해 살펴보았습니다. 그럼 이제 "민주주의 내부의 적"에 대해 살펴보겠습니다. 츠베탕 토도로프는 민주주의가 가지는 가치에 대해 언급하면서 이러한 가치 중 어느 하나만으로는 민주주의가 성립하지 않는다고 주장해요. 민주주의의 역사를 보면 잘 알 수 있습니다. '주권재민'은 18세기 계몽주의 사상가 장 자크 루소의 아이디어였습니다. 개인의 자유를 역설한 것은 존 로크와 존 스튜어트 밀 같은 이들이었습니다. 이에 더해 케인스 같은 경제학자들은 민주주의 체제에서 삶의 질을 높이는 복지를 구현했습니다. 이러한 것들이 한데 모여 민주주의를 이룹니다. 그러니까 민주주의 '체제'는 일종의 혼합물인 거예요.

츠베탕 토도르프가 보기에 이 중 어느 하나만을 추구하면 체제로서 민주주의는 위기에 빠집니다. 즉 민주주의를 구성하는 다양한 가치와 원리를 무효화시키고 하나의 원리만 강요하면 내부로부터 위기가 생겨난다는 거예요.

첫 번째, '주권재민'만 강조하면 어떤 일이 일어나느냐. '국민이 선출한 나쁜 권력'을 용인하게 됩니다. 토도로프는 두 가지 예를 들었어요. 하나는 히틀러이고 또 하나는 이탈리아의 전 총리인 베를루스코니입니다. 두 사람 다 투표를 통해 정권을 잡습니다. 국민들의 합법적인 주권 행사 절차인 투표를 통해서 총리가 되고 수상이 되었어요. 그런데 아시다시피 이들의 집권은 민주주의의 파괴를 불러옵니다. 수백만 명의 유대인이 살해당하고 이탈리아의 언론과 정치가 타락하지요. 1인 1표의 보통선거를 통해 '주권재민'의 원칙이 지켜졌다는 것만으로는 민주주의라고 말할 수 없다는 것입니다. 그건 민주주의의 충분조건이 아니라는 거예요. 이를테면 인간을 구성하는 조건이 여러 개 있을 수 있잖아요. 그중에는 '밥(빵)을 먹는다'도 포함될 것입니다. 그러나 우리가 키우는 가축도 밥이나 빵을 먹을 수 있습니다. 그렇다고 그들도 인간이라고 할 수 있을까요? "국민들이 뽑아주었으니 내 마음대로 하겠다"는 논리가 반민주적인 이유입니다.

토도로프는 매스미디어가 대중의 생각을 조작할 수 있다는 점도 경고합니다. 권력이 인민에게서 나와야 한다는 요구 자체는 누구도 부인할 수 없지요. 그래서 나쁜 권력은 인민을 우민화해서 기존 질서를 맹목적으로 지지하는 순응적인 대중으로 조작하려는 '세련된' 언론 정책을 쓴다는 거예요.

두 번째 '개인의 자유'는 어떻습니까. 민주주의에서 중요한 원칙이라는 건 우리가 잘 알고 있습니다. 토드로프는 오늘날 특히 '기업 활동의 자유'만 강조된다는 점을 경고합니다. 그러다 보면 노동을 통해 자아를 실현할 권리, 최소한의 생존을 유지할 자유, 쾌적한 환경에서 생활할 자유 같은 것들이 침해받습니다.

자본주의가 고도로 발달한 오늘날 경제활동의 자유는 곧 시장의 자유를 뜻한다고 주장되곤 하지요. 1980년대 이후로 전 세계를 강타한 '신자유주의'에서 특히 그런 주장을 펼쳤어요. 우리나라도 예외가 아니어서 그동안 많은 변화가 있었어요. 예컨대 교육 분야가 그렇습니다. 우리 헌법 31조는 모든 국민이 능력에 따라 균등하게 교육받을 권리를 규정하고 있어요. 민주주의 국가에서 교육은 국민의 당연한 권리입니다. 그런데 개인의 자유를 강조한 신자유주의 때문에 어떻게 됐습니까? 학교에 시장 논리가 그대로 도입되었지요. 돈이 안 되는(소위 '취업률'이 낮은) 학과는 사라지거나 통폐합되었습니다. 비용 절감이라는 미명하에 시간제, 기간제 교사 같은 비정규직 제도가 도입되었지요. 그러면서 학교는 입시와 취업을 위한 전진기지, 강하게 말하면 전쟁터가 되어버렸어요. 국민의 권리가 크게 훼손당했습니다. 반면 경제적으로 힘 있는 자들에게 엄청난 이익을 가져다줍니다. 경제를 살린다는 이유로 재벌들에 엄청난 특혜를 주었지요. 세금도 깎아주고 경제적 약자를 지원하기 위한 각종 규제도 철폐합니다. 그 피해를 중소기업과 국민이 고스란히 부담한 거예요.

민주주의의 세 번째 원칙인 '진보'도 그렇습니다. 민주주의에는 사회를 개선하고 발전시키려는 사상이 내재되어 있어요. 따라서 민주주의 체제는 지금보다 더 바람직한 사회로 나가기 위해서 자유와 평등, 그리고 복지를 제도적으로 보장하려는 노력을 기울입니다. 그런데 이때 물질적 풍요나 경제성장만 강조하고 다른 요인을 배제하면, 돈과 소비와 오락거리를 신봉하는 저급한 사회 풍토가 생겨납니다. 토도로프는 이처럼 공동체의 이익을 고려하는 정치나 정책이 아니라 눈앞의 물질적 이익에만 연연하는 포퓰리즘이 득세하는 현상을 경고해요. 오늘날 유럽에서 인종 혐오와 포퓰리즘에 기초한 극단주의 정당의 약진이 결코 기우가 아니라는 거예요.

요약건대, 합법적인 주권 행사의 절차만으로는 인민이, 조작 가능한 우민으로 전락하는 것을 막을 순 없습니다. 개인의 자유만을 강조하다 보면 사회적 불평등이 심화될 수 있고요. 물질적 성장만을 중시하면 관용과 배려를 도외시한 포퓰리즘이 출현할 수도 있습니다. 이처럼 민주주의의 세 가지 원칙 중 하나만을 강조하면서 일어나는 일련의 현상을 토도로프는 민주주의 '내부의 적'에 의해 일어난 위기로 규정합니다. '내부의 적'은 민주주의 원칙 간의 균형을 깨뜨리고 다양성을 하나로 환원하여 단순화한다는 거예요. 그러면서 '내부의 적'이 겉으로 잘 안 드러나기에 '외부의 적'보다 위험하다는 점을 강조해요.

만일 토도로프가 오늘날 우리나라의 민주주의를 평가한다면 어떨까요? 십중팔구 깊은 우려를 표명할 겁니다. 굳이 토도로프에게 물어볼 것도 없지요. 민주주의가 착착 진전되는 사회에서도 내부로부터 이런 위기가 생겨나는데, 사리사욕을 채우려고 아예 작정하고 민주주의의 가치와 원리를 훼손하려는 시도가 자행되는 사회라면 볼 것도 없지요. 권력의 작동 방식이 민주적이길 해요, 입법부와 사법부와 행정부의 삼권 분립과 상호 견제가 제대로 이루어지기를 해요? 국가 자체의 존립 목적인 국민의 생명과 자유와 안전조차도 제대로 보호하지 못하고 있으니, 이건 정말이지 국가 위기 상황이지 않습니까?

그럼에도 정작 위기를 초래한 당사자들은 아무 문제가 없다고 주장합니다. 제가 보기에, 그 근거로 드는 것이 '주권재민'이에요. 주권자인 국민의 선택을 받아서 선출된 정권이라는 겁니다. 그러나 토도로프의 말처럼, 주권재민의 원칙을 지켰다고 해서 민주 정부는 아니지요. 정부가 개인의 자유를 제대로 보장했느냐, 국민 삶의 질을 향상시키려고 노력하느냐 등을 따져봐야 합니다. 지금 우리나라에서 표현의 자유, 언론의 자유는 지속적으로 하락하고 있어요. 실질적으로 세금 부담은 늘었는데 복지는 정체되어 있습니다. 그럼에도 정부는 자신들이 현재의 비정상적인 위기를 만든 장본인임을 인정하기는커녕 위기 해결의 주체임을 자처하지요. '적폐'를 없애겠다느니 '비정상의 정상화'를 이루겠다느니 합니다. 질병의 원인이 외려 자신을 치료제로 착각해요.

한때 '한국적 민주주의'라는 말이 유행했습니다. 수십 년 전 일이지만 요즘도 낯설지가 않아요. 지금 대통령의 아버지인 박정희는 군사 쿠데타로 집권합니다. 그리곤 유신헌법으로 영구집권을 추구하죠. 국민들의 반대와 저항이 극심했습니다. 그러자 독재를 '한국식 민주주의'라는 궤변으로 포장합니다. 민주주의의 근본 원리에서 벗어난 '비정상'이 한국에서만 '정상'이 되는 그야말로 사고의 착란이지요.

우리나라 고전 수필 중에 '촉견폐일설'이 있습니다. 16세기 문인 홍성민이 지은 『졸옹집』에 실린 글인데, "촉나라의 개는 해를 보고 짖는다"는 '촉견폐일'(蜀犬吠日) 일화를 소재로 한 '설'(說)입니다. 촉나라는 기후가 습해서 맑은 날보다 비 오는 날이 훨씬 많았습니다. 그래서 개들이 해가 뜨면 마구 짖었대요. 평소와 다르니까 이상했겠죠. 저자는 촉나라 개를 빗대어, 우격다짐으로 비정상을 정상이라고 우기는 당시 조선의 정치 현실을 비판합니다. 개는 그럴 수 있습니다. 평소 보지 못하던 해가 떴으니 놀랄밖에요. 그러나 사람이 그러면 문제는 달라집니다. 거짓을 진실이라고, 은폐를 규명이라고, 독재를 민주주의라고, 악을 선이라고 우기는 것은 단지 '개소리'가 아니라 사람들의 생각을 더럽히고, 의지를 타락시키는 심각한 범죄 행위이기 때문이에요. 이런 '비정상'은 왜 사라지지 않는 걸까요? 비정상은 어떻게 만들어지고 통용되는 것일까요? 앨버트 허시먼(Albert. O. Hirshman)의 지배 서사 분석은 이런 의문에 잠정적 해답을 제공합니다.

지배자의 세 가지 논리

앨버트 허시먼은 『보수는 어떻게 지배하는가』라는 책에서 지난 200년 동안 서양의 지배 세력들이 사용해온 수사를 분석합니다. 그리하여 근대 민주주의가 출현한 이래, 수구 기득권세력이 민주주의의 진전과 사회의 개선을 방해·저지하기 위해 펼친 논리들을 보여줍니다.

그는 18세기의 프랑스혁명, 19세기 중후반의 보통 선거권과 민주주의의 출현, 그리고 20세기 복지국가의 등장이라는 세 가지 역사적 사건과 결부해서 각각의 시기에, 어떤 인물들에 의해서 그러한 "반동적 수사들"이 주창되었는지를 연구합니다. 그리고 무용 명제(futility theses), 역효과 명제(perversity theses), 위험 명제(jeopardy theses)라고 명명한 "세 가지 근본적인 반동 명제"를 끄집어내지요.

그럼, 지금부터 하나씩 살펴보도록 하겠습니다. 먼저 "무용 명제"입니다. 이것은 "사회 변화를 추구하는 모든 노력은 효과가 없으며 그 노력은 어떤 변화도 만들어내지 못한다"는 반동 명제를 말합니다. '무용'이라는 말은 누군가 불만을 토로하거나 저항하려 할 때, 지배자들이 흔히 쓰는 말이죠. "백날 떠들어 봐라. 너희들이 그런다고 세상이 꿈쩍이나 할 거 같으냐." 이런 논리입니다. "세월호의 진실과 진상을 규명하기 위해 단식을 한다고, '삼보일배'를 한다고, 높은 굴뚝에서 수백 날을 보낸다고, 달라지는 건 없다"는 거죠.

어때요? 굉장히 친숙하지 않습니까. 바로 '달걀로 바위 치기' 논리입니다. 듣는 사람은 맥이 풀리고 의지가 꺾입니다. 그런데 이런 논리가 프랑스혁명 시대에도 판을 쳐요. 아시다시피 프랑스혁명은 우여곡절이 많았습니다. 1793년 절대군주 루이 16세를 처형한 지 11년 만인 1804년 나폴레옹이 황제로 등극합니다. 혁명을 해서 '왕'을 몰아냈더니 '황제'가 나온 겁니다. 프랑스혁명을 위해 목숨을 걸었던 수많은 사람들이 좌절하죠. 무용 명제는 여기서 힘을 발휘합니다. 사람들은 '아무리 해도 안 되는구나.' 하고 생각합니다. 그러나 결국은 어땠습니까. 절대군주보다 막강한 권력을 휘둘렀던 나폴레옹은 전쟁에서 패하고 세인트헬레나 섬에서 쓸쓸히 죽음을 맞습니다. 그리고 역설적이게도 프랑스에서 시작된 공화주의는 나폴레옹 시기에 전 유럽으로 퍼져 나갔지요.

두 번째는 "역효과 명제"입니다. 이건 "해봐야 소용없다"에서 한 걸음 더 나아가 "그러면 더 나빠진다"라는 논리입니다. 허시먼의 표현으로는 "정치·사회·경제 질서의 일부를 향상시키려는 어떤 의도적인 행동도 행위자가 개선하려는 환경을 악화시킨다"는 겁니다. 세상을 좋게 만들려는 시도는, 그 의도와 달리 세상을 더 나쁘게 만들 뿐이라는 거죠.

예를 들면 이렇습니다. 프랑스혁명을 거치면서 유럽에 공화정이 대세가 됩니다만, 정치적 권리는 여전히 소수에게만 있었습니다. 투표권만 해도 소수 부유층만 가지고 있었지요. 보통 남성과 여성들이 투표권을 가지는 오늘날의 보통선거가 정착되기까지 상당한 시간이 필요했습니다. 그 과정에서 시민들의 요구가 거셌고요. 정치적 참정권이 확대되는 시점에 이미 투표권을 가졌던 유산계급 자유주의자들이 내세운 수사가 바로 역효과 명제였습니다. 민주주의를 하면 지금보다 나빠진다는 거지요. 대중은 우매해서 선동가들에게 현혹될 가능성이 많다고 했습니다. 그러면 오히려 개인의 자유가 위협을 받을 수 있다고 협박했습니다. 투표권을 요구하는 사람들에게 그들이 추구하는 이상이 불가능하지는 않지만 역효과를 낼 수밖에 없다고 주장한 거예요. "가난한 사람 도와주는 것은 단지 가난을 가중시키는 역할을 할 뿐"이라는 주장도 마찬가지 논리예요.

오늘날 우리 사회에도 비슷한 논리가 있지요. '민주주의가 밥 먹여주느냐?'가 그것입니다. 민주주의는 먹고사는 데 방해만 된다는 논리입니다. 서민들 살림살이가 나아지기는커녕 더 어려워질 뿐이라는 거지요. 그러나 역사는 어떻습니까? 이런 논리가 허구임을 입증했지요. 오늘날 보통선거는 민주주의의 기본 원칙이 되었고 민주주의를 철저히 실행하는 나라일수록 소위 말하는 선진국이 되었습니다. 살림살이가 더 나아졌지요.

마지막으로 말씀드릴 것이 "위험 명제"입니다. 허시먼은 이것을 "변화나 개혁에 드는 비용이 너무 많기 때문에 그 변화나 개혁은 이전의 소중한 성취를 위험에 빠뜨린다는 주장"이라고 정리합니다. 거칠게 말하자면, 이건 역효과 명제에서 한 걸음 더 나아가 "그러면 망한다"는 논리예요. 위험 명제는 특히 복지와 관련하여 지배계급이 '애용'해왔습니다.

한창 발전하던 자본주의는 1929년 '대공황'을 만나면서 삐거덕거리기 시작합니다. 그러자 케인스(John Maynard Keynes, 1883~1946)처럼 국가의 시장 개입을 주장하는 경제학자가 나오고 복지정책이 시도되지요. 그래서 북유럽을 위시해 많은 나라가 복지정책을 시행했고, 우리나라에서도 이제는 복지가 주요한 국가 과제가 되었지요. 그러나 이런 흐름에 반대도 많았습니다. 대표적인 사람이 경제학자 하이에크(F. A. von Hayek, 1899~1992)예요. 신자유주의자들이 가장 떠받드는 인물 가운데 한 명이지요. 이 사람은 복지가 인간다운 삶을 보장하기는커녕 일할 의욕을 떨어뜨리고 국가 재정에 부담을 줘 실업자를 양산시킬 거라고 합니다. 그러다가 자유주의를 위험에 빠트리고 나라가 망할 수도 있다고 경고해요.

이런 논리는 요즘 우리나라 신문·방송에도 자주 나오죠. 무상급식을 둘러싼 논쟁 때 그랬지요. 반대하는 이들은 공짜로 밥을 주면

오늘날 우리 사회에도 비슷한 논리가 있지요.
'민주주의가 밥 먹여주느냐?'가 그것입니다.
민주주의는 먹고사는 데 방해만 된다는 논리입니다.
서민들 살림살이가 나아지기는커녕
더 어려워질 뿐이라는 거지요.
그러나 역사는 어떻습니까?
이런 논리가 허구임을 입증했지요.

다른 데 돈을 못 써서 교육의 질이 나빠진다고 했습니다. 최근 국가 부도 사태를 빚은 그리스 사례를 해석할 때도 인용됩니다. 과잉 복지가 노동 의욕을 감퇴시키고 자발적 실업자를 양산해서 재정위기를 불러왔다는 식으로요. 이는 사실과 다릅니다. 그리스 사태의 원인은 부자들에게 세금을 제대로 걷지 못했기 때문이에요. 이건 제 생각이 아니라 〈파이낸셜타임스〉나 〈가디언〉 같은 해외 유력 언론의 분석이에요. 요컨대, 복지에 돈을 많이 써서 나라가 망했다는, 이런 식의 주장이 바로 '위험 명제'입니다.

자, 그럼, 이제 '무용론'과 '역효과론' 그리고 '위험론'이 과연 타당한 것인지 하나하나 따져보기로 하지요.

❶ 그런다고 세상은 달라지지 않는다?

아까 영화 〈암살〉 얘기를 드렸었지요. 거기서 가장 인상 깊었던 대사가 있습니다. 독립운동으로 뭐가 바뀌겠느냐, 일본이 물러가겠느냐, 몇 명 없앴다고 친일파가 사라지겠느냐, 이런 말에 임옥윤이 답합니다. 그럴 수도 있다, 그래도 우리가 싸우고 있다는 사실을 세상에 알려야 하지 않겠느냐, 이렇게 말입니다. 멋지지 않습니까? (웃음) 힘들고 어렵더라도, 맞서 싸우자고 말해야 한다는 거예요. 언젠가는 바뀔 거라는 믿음을 갖고 말이에요. 그리고 역사는 그런 생각, 그런 믿음에 근거한 실천이 세상을 바꾼다는 사실을 보여줍니다.

내가 보기에는 불합리한데, 다른 많은 사람들은 당연히 여기는 경우가 있습니다. 세상은 아직 변함이 없습니다. 하지만 내가 누군가를 설득합니다. 이건 너무 부당하지 않느냐, 우리가 이걸 이렇게 바꿔나가야 하지 않겠느냐고 말이죠. 평소 무관심하던 사람들이 태도를 바꾸기 시작합니다. 변화가 시작될 조짐이 보이게 되죠. 그러다 보면 결국 세상이 바뀝니다. 오늘날처럼 여론이 정치를 움직이는 사회에서 말하고 표현하는 것은 매우 중요합니다. 불의한 정권이 정보기관, 언론 장악을 통해서 표현의 자유를 억압하는 이유도 여기에 있습니다. 한쪽에서는 끊임없이 반대 논리를 퍼뜨리면서 한쪽에서는 입을 막는 거예요.

제가 학교에서 겪은 일입니다. 어떤 학생이 손을 듭니다. "저는 선생님과 의견이 다른데요. 방금 말씀하신 건 좀 편파적이지 않나요?" 그 학생의 지적이 옳은 것은 아니었지만, 그 말을 듣는 순간 고개가 끄덕여지면서 저도 말을 조심하게 되더라고요. 개인도 그런데 한 나라의 정책을 결정하는 사람은 어떨까요? 부당하다고 생각한다면 말해야 합니다. 행동해야 합니다. 그럼 바꿀 수 있어요.

국민이 우매하다고 생각하고, 입을 막고 속일수록 말을 잘 들을 거로 생각하다가 여기저기서 반대의 목소리가 나오면요? 당연히 위기감을 느낄 겁니다. 일본 제국주의가 그랬지요. 총칼로 탄압하다가 나중에는 언론을 탄압하고 우리말과 글도 못 쓰게 합니다. 그러나 결국 어떻게 됐습니까? 임옥윤 같은 사람들의 희생이, 헛되지 않았다는 것을 역사는 보여주지요. 지금보다 더 좋은 세상을 만들 수 있다는 생각은, 세상을 바꾸려는 노력은 무용한 것이 아니라 쓸모 있고 유익합니다.

❷ 바꿔봐야 더 나빠진다?

이번에도 영화 이야기를 해볼까요. 영화 〈타짜〉(2006년)에 보면 다양한 사기꾼들이 등장합니다. 조승우가 주인공으로 나오는데, 복수를 위해 아주 치밀한 계획을 세우지요. 목표를 설정하고 주변에 접근해서 꼼짝 못하게 만듭니다. 그것이 옳은 목표인지 아닌지를 떠나서 사람에게는 동기가 필요하다는 말씀을 드리고 싶은 겁니다. 그런데 반동 명제들은 바로 이 동기를 약하게 합니다. 해봐야 소용없다는 첫 번째 명제가 그랬고요. 두 번째 역효과 명제도 마찬가지입니다. 상황이 좋아지기는커녕 더 나빠진다는데 어쩌겠어요. 손을 놓는 게 외려 낫겠죠? 현실에 안주하도록 유도합니다. 지금이 더 낫다는 얘기니까요.

고등학생들이 가장 많이 듣는 말이 뭐예요, "지금 힘들어도 참았다가 대학 가면 다 해라"죠? 학부모들도 마찬가지입니다. 서열 위주의 입시 제도를 고치자고 하면 그러다가 내 아이까지 좋은 대학 못 갈까 봐 전전긍긍합니다. 현상 유지를 원하는 사람들은 역효과 명제로 톡톡히 재미를 보지요.

이런 논리가 먹히는 이유는 자기만은 예외라고 생각하기 때문입니다. 다들 힘들고 어려워도 나만큼은 잘될 거로 생각해요. 어쨌든 소수는 성공할 것이고 내가 거기에 해당할 거로 생각합니다. 극소수만 합격하는 '일류 대학'에, 각종 고시에 그토록 많은 사람들이 매달리는 이유입니다.

나에게만 요행수가 생겨서 꿈꾸는 대로 될 거로 생각하는 사람들을 가리키는 말이 있습니다. 특히 한번 성공해본 사람일수록 이런 오류에 빠지기가 쉬운데, 이를 '휴브리스(hubris) 병'이라고 합니다. 그리스어로 '오만'을 뜻해요. 나에게만 불행이 닥칠 거라는 '머피의 법칙'과 반대 개념인 셈이지요.

그러나 이런 생각은 그저 바람에 불과할 수 있어요. 스포츠를 보면 잘 알 수 있잖아요. 예컨대 천재적인 야구 선수도 4할 이상을 치기가 어렵습니다. 열 개의 공 가운데 네 개만 맞춰도 대단한 거예요. 축구 선수도 그렇죠. 차는 족족 골이 되는 사람은 없습니다. 세계적인 선수도 결정적 찬스를 놓치는 경우가 많죠. 현실에서 마음먹은 대로 성공하는 일은 없습니다. 실패하지 않는 도전이 없고요. 세상에 쉬운 일이 없습니다. 어쩌면 요행수를 믿는 사람도 그런 사실을 잘 알고 있을지 모릅니다. 나만 잘될 거라는 근거 없는 믿음과 실패에 대한 두려움은 동전의 양면과도 같습니다.

다시 본론으로 돌아와서 말씀드리면 "바꿔봐야 더 나빠질 뿐"이라는 역효과 명제는 현실을 유지하고 사회 진보를 가로막는 데 힘을 발휘한다는 겁니다. 예컨대 지금은 사라진 노예제도는 로마 시대 때부터 불과 수백 년 전까지 지구상에 존재했습니다. 비인간적인 제도인 만큼 그동안 수많은 투쟁이 있었지요. 기득권세력의 저항도 만만치 않았습니다. 고대나 중세에는 노예제가 당연한 것, 혹은 신의 뜻이라고 생각했습니다. 그러다 근대에는 새로운 논리가 등장해요. 설령 신분제에서 해방된다 해도 생산 수단이 없기에 또 다른 노예 즉, 임금 노예가 될 수밖에 없다, 그보다는 마음씨 좋은 농장주 밑에서 먹고사는 게 안전하다는 주장이었지요. 이 주장은 일부 사실입니다. 가난한 노예들이 도시에서 할 수 있는 일이라는 게 임금 노동밖에 없었거든요. 그리고 아시다시피, 자본주의 초기 임금 노동자들의 삶은 매우 어려웠습니다. 하지만 역사의 흐름은 결국 신분제를 과거의 유물로 만들었습니다. 노예는 해방되었고, 노동자들은 부단한 투쟁을 통해 노동조건의 개선과 적정 임금을 확보하는 등 '인간다운 삶을 살 수 있는 최소한의 조건'을 쟁취합니다. 만약 그때 사람들이 지배자들의 '역효과 논리'에 승복했다면 오늘과 같은 발전을 이룰 수 있었을까요?

"역사란 이상의 현실화다." 우리나라 역사학계의 큰 어른이신 강만길 선생님은 이렇게 말씀하셨습니다. 역사란 인간이 꿈꾸는 삶을 현실 속에서 구현하는 과정이라는 거예요. 민주주의 발전의 역사는 이를 잘 보여줍니다.

정치적 자유, 경제적 평등, 인간다운 삶과 인권의 보장, 이런 것들은 모두 과거 누군가 마음속에서 자라던 이상이었습니다. 내 생각, 나의 삶의 주인은 바로 나라고 생각하는 사람들이 늘어나고, 그런 이상을 현실에서 실현하기 위해 싸운 사람들 덕분에 사상과 표현의 자유, 양심의 자유, 결사의 자유 등이 법으로 명문화되었지요. 그리고 이러한 자유가 실질적으로 보장되려면 경제적 평등이 보장되어야 한다는 생각은 노동할 권리, 행복을 추구할 권리와 같은 복지권의 형태로 제도화되었지요.

저는 여기서 젊은이들의 새로운 사고를 특별히 강조하고 싶습니다. 『탈무드』에 "진리는 무거워서 젊은이들만 실어 나를 수 있다"는 말이 있습니다. 자라나는 새로운 세대가 기성세대와 다른 사고를 하지 않으면 새로운 시각, 발전적 생각은 나올 수 없습니다. 답습은 변화를 낳지 못합니다. 젊음은 소중합니다. 생물학적인 의미에서도 그렇고 역사적인 의미에서도 그렇습니다. 낡은 사고가 지배하는 사회는 발전이 없습니다. 오히려 퇴보를 거듭하게 되지요. 젊은이들이 지금보다 나은 세상을 만들기 위해 자기 목소리를 낼 때, 세상은 바뀔 수 있습니다.

조선 시대에 노비들은 사람 취급도 못 받았습니다. 『경국대전』에서는 노비를 '생구'(生口)라고 했습니다. 한집에 살아도, 같이 사는 '식구'(食口)가 아니라 가축과도 같은 존재라서 '생구'라는 겁니다. 명수도 한 명, 두 명이 아니라 한 구, 두 구 이런 식으로 세었어요. 사람 취급을 안 한 거지요. 그러다가 1894년 갑오개혁 때 신분제가 철폐되지요. 그런데 이때도 기득권을 유지하려는 지배자들의 논리가 작동합니다. 신분제 철폐는 개인의 소속감과 안정감을 해치고 고립시킨다는 거예요. 해봐야 더 나빠진다는 '역효과 논리'인 셈이지요. '생구건 식구건 관심 없어, 난 양반이었을 테니까.' 이렇게 생각하실 분이 있을지 몰라서 말씀드립니다. 조선 시대로 돌아가면 다들 자기가 양반일 거로 생각하지만, 그렇지 않습니다. 세종 무렵 양반 인구는 전체의 약 2퍼센트에 불과했어요. 조선 후기에도 15퍼센트를 넘지 않았습니다. 대다수가 평민이거나 하층 계급이었다는 거예요. 그렇게 신분제 아래서 억압받는 대다수 사람들은 오늘날 우리와 같은 평범한 시민이 됩니다. 근대화 과정에서 신분제는 완전히 이 땅에서 자취를 감추지요. '역효과 논리'도 함께 사라집니다.

'역효과 논리'에 따르면 가만히 있는 게 최상입니다. 아무 행동도 하지 않으면 응당 어떤 변화도 일어나지 않겠죠. 지금처럼 그냥 살자는 얘기예요. 당연히, 지금 사는 데 아무런 불편이 없고, 호사를 누리는 사람들이 좋아할 논리입니다. 역사적으로 볼 때 퇴행일 뿐만 아니라 당대의 관점에서도 사회적 낭비입니다. 왜 좀 더 많은 사람이 행복하게 살 길을 마다해야 할까요?

어떤 나라는 범지구적 문제를 고민합니다. 환경과 생태를 걱정하고 지구를 살리기 위해 많은 노력을 기울이지요. 그리고 어떤 나라는 과학기술 발전에 힘을 쏟습니다. 위성을 띄워 우주를 탐사하죠. 환경과 우주 모두 미래 인류의 삶에 큰 영향을 끼칠 분야들입니다. 그런데 어떤 나라는 환경을 파괴하는 데 천문학적인 돈을 쏟아 붓습니다. 2014년 말에 명왕성에 도착한 무인 탐사선이 있었지요. 미 항공우주국에서 보낸 '뉴호라이즌' 호입니다. 여기에는 무려 9년의 비행시간과 7000억 원의 비용이 소요되었다고 합니다.

스위스에는 유럽이 자랑하는 입자물리연구소(CERN)가 있습니다. 지하에 세계 최대의 입자가속기가 설치되어 있지요. 거기서 우주의 비밀을 풀어줄 물질을 발견하기 위한 실험을 하고 있는데 그 건설 비용이 50억 달러였다고 합니다. 우리 돈으로 6조 원쯤 될까요? 너무도 많은 돈이 들기에 수십 년 동안 신중을 기하면서 계획을 세우고 예산을 집행했습니다. 그런데 여러분 잘 아시는 4대강 사업비는 무려 22조 원이나 됩니다. 그 천문학적 액수의 돈을 밀실에서 초고속으로 집행했다는 게 믿어지세요? 어디가 더 앞서 가는 사회인지는 분명합니다. 우리가 결코 '지금'에 머물러서는 안 되는 이유예요. 더 나은 사회를 위한 행동에 적극적으로 나서야 합니다.

지배계급의 역효과 이론은 우리를 제자리에 멈추게 합니다. 그러나 역사는 우리에게 진실을 알려주지요. 역효과 때문에 가만히 있어야 하는 게 아니라, 오히려 가만히 있으면 역효과(퇴행)를 불러온다는 사실 말입니다. 실패할지도 모르지만 앞을 내다보고 도전해야 합니다. 그게 인간의 본성에도 맞아요. 인류는 수많은 시행착오에도 오늘날의 진보를 이루었습니다. 이 점을 명심하시고, 현재에 머무르라는 지배 계급의 논리가 과연 누구를 위한 것인지 의심하고 또 의심해야 합니다. 개혁에 개혁을 더하면 개악(改惡)이 아니라 개선(改善)이 됩니다.

❸ 그러다가 망한다?

경제학자 하이에크는 복지 때문에 망한다고 했습니다. 비용에 따른 편익보다 손해가 더 심각하다고 했죠. 그리고 이러한 논리는 레이거노믹스로 대표되는 신자유주의 정책에 의해 관철됩니다. 각 나라들은 이전에 해오던 복지 지출을 줄이고 시장의 논리를 사회 각 분야에 적용했지요. 기업의 영리 추구에 방해된다는 이유로, 옥석(玉石)을 가리는 숙의도 없이 규제 철폐, '노동 유연화'를 내세워 노동 조건을 개악하고 사회복지를 축소시켰죠. 그 결과 어떻게 되었습니까? 하이에크의 말대로 세상이 더 살기 좋아졌을까요? 그렇지는 않은 것 같습니다.

20세기 서양인들이 가장 행복 지수가 높았던 시절이 바로 1960년대였다는 사실이 이를 증명합니다. 여러 요인들이 있겠지만, 치열한 시장 경쟁 속에서 살아가는 지금보다 복지와 노자(勞資) 합의가 각국의 우선 정책이었던 그 시절이 살기 좋았다는 거예요. 이런 생각은 미국에서나 유럽에서나 마찬가지였고요, 우파 정부든 좌파 정부든 할 것 없이 그랬습니다.

인간은 생존에 위협을 느낄 때, 미래가 불안할 때 불행하다고 생각합니다. 기본적인 삶의 조건이 갖춰져야 하는 이유예요. 그런데 오늘날 신자유주의 사회에서는 이것이 보장되지 않아요. 언제든 나락으로 떨어질 위험이 있습니다. 대부분의 사람들은 다니던 직장에서 지금 당장 해고당하면 살 길이 막막할 수밖에 없지요. 우리나라도 마찬가지입니다. 노동 조건이 갈수록 나빠지다 보니 너나 할 것 없이 안정된 직장에 목숨을 걸잖아요. '스펙'을 쌓고 전공과 상관없이 공무원 시험을 준비합니다.

노년의 삶에 대한 불안도 그렇지요. 복지국가에서는 연금제도를 통해 노후를 보장합니다. 하지만 갈수록 이런 복지제도가 축소되고 있어요. 젊은 날 열심히 일한 사람은 최소한 인간적 삶을 영위하면서 노년을 보낼 수 있어야 합니다. 그게 인간다운 삶이에요. 우리나라는 아직 이 부분에 대한 대책이 없어요. 그래서 개별적으로 노후를 준비합니다. 말이 좋아 각자도생(各自圖生)이지, 이건 사회의 파편화를 낳고 이기적 개인주의를 자극합니다. 한탕주의를 초래하고, 어떻게든(?) 집이나 건물을 마련해서 노년에 임대료나 받아서 살자는 식의 생각을 확산시키죠.

어떻습니까? 신자유주의는 결코 우리에게 행복을 가져다주지 않았어요. 복지를 축소하고 노동을 유연화해도 금융위기는 생겨났고, 삶은 더 팍팍해졌습니다. 우리의 경우에는 제대로 된 사회복지 정책을 해보지도 않았는데, "복지는 망국의 지름길"이라는 위험 명제가 횡행합니다. 복지는 낭비가 아니라 투자이고, 정부의 시혜가 아니라 국민의 권리라는 소리는 약합니다. 안타까운 일이지요.

그렇다면 길은 없는 걸까요? 지금부터 그 얘기를 한번 해보지요.

민주주의의 위기를 극복하는 길

우선 민주주의 문제부터 생각해보죠. 민주주의가 위기다, 민주주의가 퇴행한다, 라고 했을 때는 권력의 작동 방식이 비민주적이라거나 삼권분립이 제대로 지키지 않고 있다는 것 이상의 의미가 있어요. 넓게는 인간의 존엄과 가치가 우리 안에서부터 무너지고 있다는 뜻이 있어요. 무소불위에 가까운 권력이 행사되고 다양한 방식으로 복종을 강요받는다는 것은 자기 존엄을 부정당하는 일이 됩니다.

저희 집에 아이들이 둘이 있습니다. 그런데 아이들과 진로에 대해 이야기를 나누다 보면 둘 다 사회 부적응자에 가까워요. (웃음) 아이들이 과연 독립적이고 주체적인 사회인으로 자랄 수 있을까 걱정이 됩니다. 요즘 취업이 어렵다고 하니 저 역시 그게 고민이고요. 그런데 생각을 한참 하다 보니, 아이나 저나 아직 일어나지도 않은 일을 고민하고 있더라고요. 가능성이 무궁무진한 청춘의 시기에 당사자나 부모가 벌써 직장 걱정부터 하는 게 과연 정상일까 하는 생각이 들었습니다. 저마다 도전할 과제가 있고, 앞으로 어떤 사람들과 어떤 관계를 가지고 자아를 실현할 것인가를 두고 고민

할 때가 아닌가 싶은 거예요. 나는 왜 내 아이들이 뻥 뚫린 고속도로로 가지 못할지도 모른다고 걱정하는 걸까, 하고 반성했습니다. 세상엔 국도도 있고 샛길도 있잖아요. 자동차를 타든 배를 타든, 자전거를 타든 그만의 몫이 있을 겁니다. 어차피 똑같은 삶을 사는 사람은 한 명도 없잖아요.

제가 이 말씀을 드린 것은 민주주의의 위기가 생각의 획일성을 조장하기 때문입니다. 예컨대 오늘날은 자본의 논리가 다른 모든 가치에 우선하지 않습니까? 사람을 시장적 가치 즉, 비용 대비 효율성의 관점에서만 바라봅니다. 지금 우리 사회가 그렇죠. 빨리빨리 학교 졸업해서 좋은 직장 가는 게 제일의 목표가 되었잖아요. 한편에선 그러지 못하면 낙오자가 될 거라고 협박을 합니다. 민주주의는 인간의 존엄과 가치 실현을 최우선으로 합니다. 민주주의가 위기에 빠졌을 때 일어나는 현상을 우리는 지금 온몸으로 겪고 있는 거예요.

그다음으로, 민주주의의 위기는 세계를 불확실성 속으로 몰아넣습니다. 불확실성이라는 게 뭘까요? 지금 이렇게 노력하면 앞으로 이런 결과가 온다는 것을 예측할 수 없다는 거예요. 사회의 안정성이 극도로 낮아집니다. 그 극단이 바로 전쟁입니다. 전시(戰時)에는 그 어떤 것도 약속할 수 없습니다. 오늘 살아 있어도 내일 당장 어떻게 상황이 바뀔지 알 수가 없어요. 불안한 사람들은 생존을 도모하고자 '만인의 만인에 대한 투쟁' 속으로 내던져집니다.

이렇듯, 인간 존엄의 추락, 불확실성의 증가를 가져오는 것이 바로 민주주의의 위기예요. 이걸 막으려면 아까도 말씀드렸듯이 우리가 절차적 측면만 볼 게 아니라 민주주의의 원칙과 가치를 두루 살펴야 합니다. 민주주의의 다원성을 놓치지 말아야 합니다. 그래서 어느 하나라도 무시되거나 제대로 실현되지 않을 때, 이를 바로 세워야 해요. 민주주의가 우리 삶 속에서 실천될 수 있도록 노력해야 합니다.

도정일 선생은 「고독한 성찰과 불안한 의심의 극장」이란 제목의 글*에서 "인간을 인간이게 하는 독특한 능력"으로서 "기억, 사유, 상상 그리고 표현" 이렇게 네 가지를 꼽은 후 다음과 같이 말합니다.

"(기억·사유·상상·표현) 그 네 가지 능력의 어느 것도 완벽하지 않다. 기억은 수많은 구멍을 갖고 있고, 사유는 불안하다. 상상은 기억과 사유의 한계를 확장하지만 유한한 경험의 울타리를 아주 벗어날 수 있는 것은 아니다. 표현의 형식과 내용도 시간성에 종속된다. 그러나 기억과 사유, 상상과 표현의 인간적 시도들은, 그것들이 지닌 한계 때문에 무용해지는 것이 아니라 유한한 것들만이 가지는 순간적 아름다움의 광채를 포착

* 도정일, 성석제 외, 『책, 세상을 탐하다』, 2008년, 도서출판 평단.

하고 표현하기 때문에 위대하다. (…) 기억이 완벽할 수 있다면 아무도 기억하기 위해 애쓰지 않을 것이며, 사유가 완전할 수 있다면 아무도 사유의 엄밀성을 이상화하지 않을 것이다. 지식의 한계 때문에 상상은 위대해지고, 표현할 수 없는 것들에 대한 도전 때문에 표현은 아름다워진다."

이러한 사유가 세상을 실제로 바꾸는 것보다는 인식의 변화에 무게를 둔 건 아닐까 하는 의문은 정당합니다. 물론 생각이 온전한 해결책이 될 수는 없습니다. 그러나 근원적 해결에 더 가까이 가려면 실천적 행위 못지않게 의식적 각성도 중요하다는 게 제 생각입니다.

기억이란 자기 정체성에 대한 기억, 삶에 대한 기억입니다. 여기에는 행복했던 기억도 있고 그렇지 못한 기억이 있겠지요. 사유란 행복했던 시절을 재현하려는 의지를 말해요. 상상은 더 나은 미래를 향한 상상력이고 표현이란 이러한 것들을 드러내고 행동하는 것입니다. 앞서 말씀드렸듯이 민주주의의 위기는 개인의 삶의 위기이고 생명의 위기입니다. 그렇기에 저는 희망의 근거도 자기 주변의 한 사람, 한 사람에게서 찾을 수밖에 없다고 생각해요.

우리가 오늘날 민주주의의 위기를 극복하려면 일부러라도 인간에 대한 희망을 놓지 말아야 합니다. 인간에겐 타인의 고통에 공감하고 이를 덜어주고자 행동하려는 본능이 있어요. 누군가 돈이 없어 치료를 못 받는다는 사연이 올라오면 금세 성금이 모입니다. 사회적으로 소외된 이웃을 향해 손을 내미는 분들, 고통받는 사람들을 위해 공감과 연대를 보내는 사람들이 있습니다. 누가 시켜서 하는 게 아니에요. 마음의 목소리에 귀 기울이면서 자발적으로 실천하는 거지요. 민주주의는 그런 마음 안에서 자라납니다. 결코 먼 얘기가 아니에요. 내가 조금 더 남을 생각할 때, 내가 조금 더 욕심을 버릴 때 민주주의의 힘은 세집니다.

지배 논리에 사로잡히지 않는 방법도 이와 같습니다. 불안을 조장하고 협박을 일삼는 논리에 현혹되지 않으려면 우리가 내부적으로 단단해져야 합니다. 허시먼은 세 가지 반동 명제를 분석한 후, 그것들은 "대부분의 경우 한정이 되고 완화되거나 아니면 수정되는 것이 절실히 필요한 극단적인 주장"이라고 평가합니다. 무용 명제, 역효과 명제, 위험 명제는 모두 미래에 대한 극단적 불안을 볼모로 작동합니다. 애써봐야 나아진다는 보장이 없으니 가만히 있는 게 차라리 낫다는 말이죠.

우리는 더 나은 세상을 만드는 게 가능하다는 긍정적 사고를 해야 합니다. 20세기 한국 최고의 지성 가운데 한 분인 최인훈 선생은 우리 역사와 사회에 축적된 생명의 힘에 의거하여 '긍정적 힘'을 믿자며 다음과 같이 말합니다.

"우리 사회를 병든 부분의 관점으로 보면 어두운 측면도 많겠으나 왜 우리 사회를 병을 가지고 인식해야 되겠는가. 생명의 아름다운 본질에 가깝게 살려는 몸통 부분이 이러저러한 불리한 여건 때문에 고전하지만 내면적으로나 외면적으로나 엄청나게 높은 지적·정치적 대생명의 축적을 이뤘고, 승리의 유산뿐 아니라 패배의 유산까지도 전투역량으로서 갖고 있다."*

긍정의 토대는 공감입니다. 그게 친구든 가족이든 동료든, 서로의 생각을 확인하는 순간, 할 수 있다는 자신감이 생깁니다. 그것이야말로 오늘날 민주주의의 위기와 지배자들의 위협과 협박에서 벗어나는 길이라고 저는 생각합니다. 민주주의는 우리의 일상적 삶 속에 있습니다. 민주주의가 흔들리면 우리 삶도 흔들립니다. 우리가 꿈꾸는 삶을 향해 나아갈 때 민주주의도 한 걸음 더 발전합니다. 긍정적 믿음이야말로 여기에 대한 가장 구체적이면서도 실제적인 토대가 될 것입니다. 경청해주셔서 감사합니다.

* 최인훈, 「완전한 개인이 되는 사회」, 『바다의 편지』, 2012년, 삼인.

Q&A

청중 보수 정당이 집권한 이후 민주주의가 위기를 맞고 있습니다. 과거에는 민주화 운동의 주역이 젊은 학생들이었는데 지금은 상황이 많이 바뀐 것 같습니다. 낮은 취업률과 빈곤 같은 문제들로 고통을 겪고 있음에도 젊은이들의 체계적인 저항은 보이지 않습니다. 이들이 오늘날 민주주의의 위기 상황에서 어떻게 대처해야 할지 조언 부탁드립니다.

오인영 공감합니다. 특히 실업 문제는 아주 심각하지요. 청년의 문제뿐만이 아니라 우리 모두의 문제입니다. 당장 먹고사는 일이니까요. 민주주의가 퇴보하면서 생존 자체에 위기를 느끼는 분들이 더 많아졌습니다. 큰 틀에서 볼 때 이걸 '청년 실업'으로 한정할 게 아니라 '국민의 노동권'으로 접근해야 한다고 봅니다. 이때 청년들이 나서서 운동을 조직화할 수도 있어요. 과거에는 그랬어요. 싸움의 양상이 매우 격렬했지요. 수십만 명이 모여 시위를 벌였습니다. 최루탄이 터지고 물리적 충돌이 이어졌지요. 그래서 과거를 회상하는 사람들은 지금의 젊은이들을 비판합니다. 왜 그때처럼 치열하지 못하냐고요. 하지만 지금은 그때와 다릅니다. 그때는 정치의 민주화가 중요했다면 지금은 사회의 복지화가 더 중요합니다. 그리고 저항하는 방식도 다양할 수 있다고 생각합니다.

최소한 민주주의 원칙들을 명시적으로 부인하는 주장은 나올 수 없는 단계가 된 지금은 훨씬 발랄하고 다양한 형태의 저항이 나올 수 있지요.

다만 자신의 고민이 혼자만의 고민이 아니라는 점을 떠올렸으면 좋겠습니다. 내 삶의 주인은 나라는 것은 내가 '고립된' 존재라는 뜻이 아니라 '독립된' 주체라는 뜻으로 이해할 필요가 있어요. 취업 혹은 실업은 개별적으로 다가오는 문제이면서도 사회적으로 해결되어야 문제이기도 하지요. 당면한 문제를 함께 풀어나가자는 생각이 필요합니다. 지금의 모든 일을 접고 실천에 나서라는 게 아니라 관심 있는 분야의 시민단체에라도 가입해서 요량에 맞게 참여하고 실천하는 게 중요하다고 생각해요. 그러면 스스로 달리 보이고, 나아가 사회를 지금과는 달라지게 만들 수 있다는 희망이 생깁니다. 조심스러운 말씀입니다만, 젊은이들이 부자가 되고 싶다는 욕망보다 사람이 소중한 세상에 살고 싶다는 마음을 뜨겁게 품었으면 합니다.

청중 대학교마다 학생회가 있습니다. 이들이 청년 조직으로서 민주주의 발전에 기여할 방법이 있을까요?

오인영 글쎄요, 솔직히 제가 깊게 고민해보지 않은 문제라서 도움이 될 만한 답변을 드릴 자신이 없는데요. 예전에는 학교마다 학생회, 동아리 등의 조직이 아주 활발하게 활동했었지요. 이를 통해 세상 보는 공부도 하고, 조직적으로 청년들의 목소리를 사회에 전달하기도 했고요. 그와 견줘보면 지금의 학생회는 학생 복지와 관련한 일을 주요 이슈로 삼고 있는 것 같습니다. 등록금이나 교내 식당이나 기숙사 시설 이용료 등이 주된 관심사이고, 사회 개혁이나 민주주의와 같은 문제는 학생회 선거에서도 별로 쟁점이 되지 못하는 실정이고요.

이건 대학생들이 처한 현실이 전보다 훨씬 더 팍팍해졌다는 현실의 반영이겠지요. 그래서 학생회 활동에 참여하려는 학생들이 별로 없다는 이야기도 들립니다. 학생회 활동을 하느니 그 시간에 '알바'를 뛰거나 도서관에서 영어 단어 한 자라도 더 외우는 게 낫다고 생각하는 것이겠지요.

우리나라에서 대학생은 학생, 젊은이, 시민이라는 세 개의 정체성을 가진다고 생각해요. 학생으로서는 진리를 탐구하고, 사회 진출을 위한 준비를 해야 하는 동시에 젊은이로서 사랑과 우정, 삶과 같은 실존적 문제의 해결을 어떤 식으로든 모색하고, 또 시민으로서는 우리 사회의 진전과 부조리를 고민해야 하죠. 이 가운데 무엇이 더 중요하고, 더 가치 있는지는 개인마다 판단이 다를 테고, 그게 당연합니다. 다만, 대학도 사회의 일부라는 사실을 분명하게 인식할 필요는 있습니다. 아까 말씀드렸듯이, 청년 실업은 혼자만의 노력으로 해결되거나 운 좋게 나만 빠져나갈 수 있는 문제가 아닙니다. '스펙'이 아니라 '노동권'이 문제라는 인식이랄까 각성이 필요하다고 봅니다. 물론, 학생 개인뿐만이 아니라 대학과 사회의 노력도 있어야겠죠.

요컨대, 대학의 학생회가 청년 '조직'으로서 민주주의 발전에 기여할 구체적 방법을 조언할 수 없지만, 민주주의 체제가 정말 심각한 위기에 봉착한다면 대학생들이 조직적으로든, 개별적으로든 역사의 퇴행을 막기 위해 대대적으로 나설 거라고 믿습니다. 정곡을 찌르는 답변을 드리지 못하고 이렇게 두루뭉술하게 답합니다. 여하튼 남이 보기엔 비록 사소한 일이라고 해도, 자기 대학이나 생활 주변에서 벌어지는 반민주적 제도나 관행을 고쳐나가려는 구체적 노력이 모여서 민주주의를 지키고 보듬는 큰 힘이 된다는 것만큼은 틀림없습니다.

다수를 위한 소수의 희생은 정당한가?

3강

편견에서 자유로워질 수 있나?

선우현

선
우
현

청주교육대학교 윤리교육과 교수로 있다. 마르크스와 베버, 푸코와 하버마스의 철학을 비롯한 주요 사회철학 유형들을 비판적으로 검토하고 재구성하여 한국적 현실을 규명할 수 있는 '자생적 사회철학' 모델을 모색하는 일에 열중하고 있다. 쓴 책으로『사회비판과 정치적 실천』,『우리시대의 북한철학』,『위기시대의 사회철학』,『한국사회의 현실과 사회철학』,『자생적 철학체계로서의 인간중심철학』,『평등』,『홉스의 리바이어던』,『다시 민주주의다』(공저) 등이 있다.

반갑습니다, 여러분! 저는 철학, 그중에서도 사회철학을 전공했고요. 현재 교대에서 예비 초등학교 교사들을 가르치고 있습니다. 오늘 여러분께 말씀드릴 주요 내용은, 우리가 살아가는 매일매일의 '일상에서 철학이 수행하는 역할과 기능'에 관한 겁니다. 아마 많은 분들이 평소 철학에 대해 이러저러한 생각을 갖고 계실 텐데요. 우선 '철학이란 무엇인가?' 하는 주제를 살펴보고, 이어 일상에서 철학이 갖는 의미, 즉 '철학은 왜 필요할까?', '철학의 역할은 무얼까?' 하는 쪽으로 논의를 진행해 나가도록 하겠습니다.

철학에 관한 근거 없는 편견들

여러분께서는 철학이 무엇이라고 생각하세요? 주변에서 철학하는 사람을 만나기는 쉽지 않지만, '철학'이란 말은 많이 들으셨을 겁니다. 사실 철학을 한마디로 '이런 것이다'라고 정의하기는 쉽지 않습니다. 다양한 관점에서 여러 방식으로 이야기될 수 있기 때문이죠. 그러다 보니 굳이 그 뜻을 정의해야 할 필요성을 크게 느끼지 않아요. 한데 이런 상황이 오히려 많은 사람들에게, 철학은 아주 난해한 것으로 오해하게 합니다. 하지만 철학은 어렵지 않습니다. 일종의 편견이죠. 제가 볼 때 우리 주변에는 철학에 대한 고정관념이랄까 선입견이 적지 않습니다.

이 점에 대해서는 개인적인 경험을 통해 말씀드려보지요. 저는 처음부터 철학을 공부한 사람은 아닙니다. 다른 분야를 공부하다 철학으로 전공을 바꿨지요. 고등학교 때부터 학창시절에는 늘 세속적이고 현실적인 욕망의 지배를 받았습니다. 철학 같은 순수 학문을 공부해보겠다는 생각이나 문제의식은 아예 없었지요. 전교 1, 2등을 다투던 친구가 동양사를 공부해 보겠다고 인문대로 진학했을 때도, 참으로 한심해 보였죠. 그때만 해도 저는 사회대나 정외과에 가서 외무고시를 패스해 외교관이 되거나 고위 관료로 출세하는 것이 가장 성공적인 삶의 방식이라고 확신했었죠. 전형적인 일차원적인 사고방식의 소유자였습니다. 한데 우연한 계기로 철학을 공부하게 되었지요. 전적으로 지금의 아내 덕분입니다. 자세한 얘기가 궁금하신 분이 있으면 개인적으로 말씀드리고요. (웃음) 여하튼 철학을 본격적으로 공부하게 된 이래 지금까지, 조금 과장되게 말해서, 철학은 저로 하여금 힘들어도 인생을 살아가게 하는 중요한 '삶의 의미이자 원동력'입니다. 세상 사람들이 철학이나 철학자를 아무리 하찮게 본다 해도, 철학 하는 사람으로서의 무한한 긍지와 자부심을 갖고 있습니다. '철학 제일주의자'라고 감히 말할 수 있을 정도예요. 너무 기고만장한가요? (웃음)

제가 부모님께 철학을 새로 공부하겠다고 말씀드렸던 때가 생각나네요. 어머니께선 기겁을 하셨지요. 미아리의 '철학관'을 떠올리시며 사주팔자나 관상을 보는 점쟁이쯤으로 생각하고 계셨으니까요. 한데 철학을 공부하면서 그런 생각을 결코 제 어머니만 하시는 것이 아니라는 걸 알게 됐지요. 제 주변만 해도 철학, 특히 동양철학이라고 하면 관상이나 사주팔자를 연구하는 학문으로 이해하는 사람이 심심치 않게 있습니다. 그런 생각까진 아니더라도, 철학은 현실 세계와 동떨어진 어느 먼 별나라 얘기쯤으로 생각하는 분들이 적지 않습니다. 겉으론 말을 안 해도 '뜬구름 잡는 소리나 해댄다'거나 '철학하면 밥이 나오냐 쌀이 나오냐?' 이런 식으로 받아들이는 것 같아요. 한마디로 '철학은 현실과 무관한 학문'이라는 생각! 이것이야말로 제가 보기에, 철학에 대한 일반인들의 흔한 오해 아닌가 싶습니다. 여러분은 어떠세요? 정도의 차이는 있겠지만 철학이 현실과 밀착되어 있다는 생각은 잘 안 드시죠?

또 다른 것은 '철학은 어렵다'는 반응입니다. 제가 재직하고 있는 학교 구내식당에서 몇몇 교수님들과 식사를 하던 중에 있었던 일인데요. 담소를 나누며 식사 중이었는데, 뜬금없이 한 분이 제게 "선생님은 참 대단하세요." 그러는 겁니다. 왜 그러시냐고 반문했더니 "그 어려운 철학책을 어쩜 그리 술술 읽느냐"는 거예요. 솔직히 말하는데, 사실 저도 쉽지는 않습니다. (웃음) 여하튼 그 교수님이 보기에, 철학이란 딱딱하고 재미없는, 가까이하기에는 너무 먼 어려운 학문인데, 그런 분야를 나름 열정적으로 즐겁게 공부하는 모습이 신기했던 모양입니다. 이처럼 교수님들마저도 철학은 힘들다고 생각합니다. 자기네들끼리만 알아들을 수 있는 난해하고 복잡한 말

한마디로 '철학은 현실과 무관한 학문'이라는 생각!
이것이야말로 제가 보기에,
철학에 대한 일반인들의 흔한 오해 아닌가 싶습니다.
여러분은 어떠세요? 정도의 차이는 있겠지만
철학이 현실과 밀착되어 있다는 생각은 잘 안 드시죠?

만 줄줄 늘어놓는 사람, 이런 사람을 철학자라고 생각하지요.

여러분은 '철학자' 하면 머릿속에 어떤 이미지가 먼저 떠오르나요? 깔끔한 정장 차림에 넥타이를 맨 사람? 땀 흘리면서 열심히 일하는 사람? 아마도 괴짜나 기인이라 불릴 만한 사람이 아닐까 하는데요. 옷은 아무렇게나 입고 수염은 덥수룩하니 기르고 두꺼운 책을 옆구리에 낀 채 혼자 중얼거리면서 돌아다니는 사람? (웃음) 영화나 소설에서도 철학자는 '별종'으로 그려질 때가 많지요.

그런 이미지나 관념이 전적으로 잘못된 것이라고 할 수는 없습니다. 철학에는 실제로 그런 측면이 있기 때문이죠. 그렇다고 해도 왜곡된 이미지들이 훨씬 많습니다. 문제는 그런 것들이, 보통 사람들이 철학을 이해하고 접근하는 데 장애가 된다는 겁니다. 그래서 제가 철학을 강의할 때 맨 먼저 하는 작업이 '철학에 대한 고정관념 깨기', '철학에 대한 왜곡된 편견에서 벗어나기'입니다. 지금부터 천천히 그 말씀을 드려보지요.

철학과 현실 사이의 긴밀한 내적 연관성

데카르트라는 철학자 아시죠? 철학에 대해 관심이 없거나 잘 모르시는 분도 그 이름은 들어봤을 겁니다. 철학사에서 '근대 철학의 아버지'로 불릴 만큼 위대한 철학자 가운데 한 명이지요. 한데 철학사를 보면, 데카르트는 현실과 전혀 관계가 없는 철학을 전개한 가장 대표적인 인물로 서술되어 있습니다. 하지만 그게 과연 맞는 해석, 평가일까요? 그 점을 한번 살펴보겠습니다.

데카르트는 이 세계에서 더 이상 의심할 수 없으며 부정할 수 없는, 그런 확실하고 명백한 진리를 찾고자 했지요. 그리고 그것에 기반을 둔 새로운 진리체계, 철학체계를 만들고자 했습니다. 여러분께서도 아마 "나는 생각한다, 고로 존재 한다(Je pense, donc je suis)"라는 말을 들어보셨을 겁니다. 라틴어로는 "Cogito ergo sum"이라고 하지요. 데카르트는 이 명제야말로 이 세상에서 '가장 확실한 근본 진리'라고 주장했지요. 그리고 이를 새로운 철학의 수립을 위한 '철학의 제1원리'로 삼고자 했습니다.

그런데 철학사에 관한 책들을 보면 하나같이, 데카르트의 철학은 현실이나 실제 삶의 문제와는 무관한, 순전히 데카르트 본인의 개인적인 지적 호기심과 천재적인 철학적 상상력에 의해 구성된 것처럼 서술하고 있습니다. 세상일과는 담을 쌓은 채 마냥 연구실에 틀어박혀 철학적 사색과 연구에만 몰두했던 그런 철학자로 소개되고 있지요. 철학사에서 데카르트는, 한마디로 현실과 관련 없는 '순수' 철학을 했던 사람, 철학을 위한 철학을 했던 사람의 전형으로 그려지고 있습니다. 하지만 이것은 데카르트 철학에 대한 오해이며 잘못된 해석입니다. 왜 그런지, 데카르트가 실제로 살았던 17세기 유럽으로 되돌아가 한번 살펴보도록 하지요.

데카르트는 1596년 프랑스의 투렌 지역에서 태어나 1650년에 세상을 떠났습니다. 한데 이 시기에 그의 생애와 철학에 결정적인 영향을 미치는 중대한 사건이 하나 일어납니다. 데카르트가 20세가 될 무렵인 1618년에 발생하여 그가 죽기 불과 2년 전인 1648년까지 계속되었던 '30년 전쟁'입니다. 가톨릭을 믿는 나라와 개신교를 받아들인 나라 사이에 벌어진 종교 전쟁이었지만 나중에는 강대국 사이의 이권 다툼으로 번지지요. 30년이라는 오랜 기간 동안 프랑스와 독일, 네덜란드 등 유럽의 거의 모든 국가들이 참전합니다. 역사상 최초의 국제 전쟁으로 불릴 만큼 그 규모가 엄청났지요. 데카르트는 바로 그런 시대적 상황, 즉 사리판단을 제대로 할 수 있는 성인이 된 이래 죽을 때까지 평생을, 전쟁 속에서 보냈다고 말할 수 있습니다.

사정이 이렇다면, 여러분도 한번 생각해 보세요. 집 밖에선 대포 소리가 요란하고 사람들이 죽어 나가는데, 언제 내 가족과 내가 죽을지도 모르는데, 한가로이 책이나 읽으며 철학적 사유를 즐길 수 있었을까요? 그 당시는 혼자 방안에 틀어박혀 유유자적할 상황이 아니었습니다. 철학사에서 그려진, 비참한 현실을 외면하고 죽음에 대한 공포도 초월한 채 수도사처럼 연구실에 들어앉아 지적 탐구에 몰두하는 데카르트의 모습, 이것은 '가짜'입니다. 역사적 기록을 보면, 전쟁에 참여한 데카르트는 전장 곳곳을 돌아다니며 참상을 목격합니다. 상식적으로 보더라도, 데카르트를 전쟁의 한복판에서 철학적 탐구에만 몰두하는 것으로 묘사하고 있는 철학사는, 데카르트와 그의 철학을 철저하게 왜곡하고 기만하는 겁니다. 그렇게 함으로써 데카르트의 철학을 현실과 무관한, 전적으로 그의 머릿속에서 나온 천재적인 발상과 상상력의 산물인 것처럼 오인시키고 있는 것이죠. 한데 다시 한 번 말씀드리지만, 그럴 만큼 시대 상황이 좋지 않았습니다. 일상적인 삶 자체가 힘들었고, 학문적 억압이나 종교적 탄압도 심했지요.

그와 관련한 일화를 하나 소개하지요. 데카르트는 어릴 때부터 과학과 수학, 철학 등 다방면에서 천재성을 드러냈죠. 일찌감치 '지동설'이 맞다는 사실도 알고 있었습니다. 그런데 신 중심의 종교적 진리관이 지배하고 있던 당시 중세 사회에서, 진리와 허위를 구분하는 척도는 '신의 말씀'이었습니다. 그에 따라 수업 시간에는 오직 천동설만이 정답이라고 가르쳐지고 있었죠. 말이 안 된다고 생각한 데카르트는 천동설은 틀렸으며 지동설이 맞지 않느냐고 선생님에게 따져 물었죠. 그러자 데카르트의 총명함을 익히 알고 있던 선생님은 조용히 교무실로 불러 "사실 네 말이 맞긴 하다. 하지만 수업 시간엔 절대로 지동설 얘길 꺼내선 안 된다"고 하면서 입단속을 시킵니다. 제아무리 과학적 그리고 이성적으로 타당하다 해도 신의 말씀에 어긋나서는 안 되는 그런 사회였기 때문입니다. 어린 데카르트의 입장에서 봐도 참으로 한심한 노릇이었겠지요. 그런 이유로 데카르트는 학교 교육을 불신했고, 인간적으로는 선생님들을 존경했지만 학문적으로는 신뢰하지 않았습니다. 이 조숙한 천재는 이때부터 이미 신 중심의 사회인 프랑스에는 학문의 자유나 양심의 자유가 없다는 것을 알아차렸던 것이죠. 아마도 그런 상황에서는 과학을 탐구하고 철학적 사유를 한다는 게 불가능하다고 생각했을 겁니다. 그래서 선택한 곳이 네덜란드였어요. 1628년 그의 나이 서른둘에 '태생적' 조국인 프랑스를 떠나 새로운 '학문적' 조국인 네덜란드로 이주합니다.

데카르트가 굳이 네덜란드를 선택한 이유는, 17세기 당시 유럽에서 가장 합리적이고 자유로운 선진 사회였기 때문입니다. 유럽에서 유일하게 종교 선택의 자유가 있었고 학문의 자유가 보장된 나라였지요. 30년 전쟁의 와중에서 스페인으로부터 독립한 신생국가였던 까닭에 낡은 전통과 관습에서 비교적 자유로웠습니다. 강력한 기득권을 쥔 귀족이나 성직자 같은 토호 세력들도 없었고요. 상인이나 시민들이 각자의 꿈을 자유롭게 실현할 수 있는 그런 사회였지요. 데카르트가 마음 놓고 학문을 하기에 최적의 장소였을 겁니다.

그렇다면 데카르트는 왜 '이성'을 전면에 내세우고, 이성에 기초한 '합리주의'를 외쳤던 걸까요? 여기에는 나름의 이유가 있습니다. 앞서 잠깐 말씀드린 것처럼, 17세기 당시는 일상에서 정치까지 모든 행위가 '신의 말씀'에 근거해 이루어지던 시기였습니다. 그런데 그 신의 말씀이 둘로 쪼개집니다. 원래 하나였던 그리스도

교가 구교(가톨릭)와 신교(개신교)로 나뉘지요. 그러면서 구교와 신교는 각자 자신들이 믿는 신의 말씀만이 정답이고, 옳고 그름의 척도라며 상대방을 윽박지르고 이를 받아들일 것을 강요하지요. 그러다 결국엔 전쟁까지 벌입니다. 존중이나 관용으로 갈등을 풀려고 하지 않고, 자신만이 절대적으로 옳다는 입장을 굽히지 않다 보니 극단적인 폭력에 이른 것이죠.

그 당시 종교 전쟁의 실상이 어느 정도로 참혹했는지는, 〈여왕 마고〉(1994년)라는 영화가 아주 잘 보여주고 있습니다. 영화는 1572년경 '위그노'라는 신교도와 구교도 간의 전쟁으로 황폐해 질 대로 황폐해진 프랑스 사회를 배경으로 하고 있지요. 구교도들이 길을 걷다 짙은 검은색 옷을 입은 사람에게 다가가 "구교도냐 신교도냐?"라고 물으며 다짜고짜 싸움을 겁니다. 대답이 맘에 안 들면 그 자리에서 처형합니다. 신앙의 다름이 곧 죽음을 의미하는 그런 시대였습니다.

데카르트는 이런 시대를 살았습니다. 이웃 간의 사소한 문제마저 각자가 믿는 '신의 말씀'에 의지했지요. '나는 옳고 너는 틀렸다'라는 극단의 논리와 폭력이 횡행했습니다. 전쟁을 해서라도 자신들의 정당성을 관철하려던 현실이야말로 데카르트 철학의 출발점이었습니다. 그는 둘로 쪼개진 탓에 더는 보편타당성을 지니지 못하게 된 신의 말씀, 더 정확히 말해서 두 개의 '신의 말씀들' 대신에, 누구나 인정할 수밖에 없는 참과 거짓의 보편적 판단 기준을 찾고자 했습니다. 각자가 내세우는 종교적 진리나 교리와 무관하게, 또한 개인이 속한 계급이나 신분과도 상관없이, '이성적 판단 능력'을 지닌 사람이라면 누구나 인정하고 받아들일 수밖에 없는 그런 기준 말이죠. 그것만 찾는다면, 지긋지긋한 전쟁도 끝날 거라고 데카르트는 확신했습니다. 집요하게 탐구 작업을 벌이던 중, 모든 것을 다 의심할 수 있어도 '의심하고 회의하는 사유(작용)' 그 자체는 결코 부정할 수 없는 '명백한' 사실이라는 점을 깨닫게 되었지요. 마침내 데카르트는 의심하는 생각(사유), 즉 이성적 사고와 판단을 참과 거짓을 따지는 보편적 기준으로 제시합니다. 그간 옳고 그름, 참과 거짓을 판별하는 보편적 척도로서의 역할을 수행해온 '신의 말씀' 대신 '인간의 이성'이 그 자리를 대신해야 한다고 선언했던 것이지요.

데카르트가 인간 이성을 전면에 내세운 이유는 또 있습니다. 여러분도 알고 계시겠지만, 17세기 유럽은 공고한 신분제 사회였습니다. 왕과 귀족, 성직자 같은 특권층을 제외한 대다수는 부자유스러운 억압적 삶을 살아가고 있었죠. 그런 신분제를 유지시킨 것은 다름 아닌 '신의 말씀', '신의 뜻'이었습니다.

왜 농노는 사람대접도 못 받고 평생을 짐승처럼 부림을 당하며 살아가는가? 귀족으로 태어난 자는 어째서 아랫사람을 함부로 대해도 되는가? 사람들은 그런 사실들에 대해 일절 의심하지 않았으며 당연한 것으로 받아들였어요. 모든 게 신의 뜻이라고 굳게 믿었기 때문입니다. 이렇게 된 것은, 신분제 사회 내의 지배계급이 신을 끌어들여 이 모든 것이 신의 뜻이라고 선전하고 세뇌시킨 결과입니다. 한마디로 신분제 사회질서를 정당화하기 위한 '지배 이데올로기'가 바로 신이었던 셈이죠. 그 시대에 교회와 성직자들이 막강한 힘을 발휘할 수 있었던 것도, 그들이 신의 의도를 전하는 메신저(사자使者) 역할을 자처했기 때문입니다.

당시 성직자 계급의 위세가 어느 정도인지는, 알렉상드르 뒤마의 소설 『삼총사』에서 잘 드러납니다. 악의 무리와 싸우는 달타냥과 삼총사의 활약상을 그린 작품이죠. 영화로 보신 분들도 많을 텐데요. 거기서 국왕 못지않은 권력을 휘두르는 인물로 추기경 리슐리외가 나옵니다. 명색이 성직자인데, 신앙인으로서의 경건한 모습은 없고 오직 권력만을 탐하는 세속적인 야심가로 그려지지요. 당시 성직자들이 얼마나 기세등등했는지 알 수 있습니다.

영화 〈007〉로 유명한 스코틀랜드 출신 배우 숀 코너리가 주연을 맡아 영화로 만들어지기도 한 움베르토 에코의 장편소설 『장미의 이름』에도, 신의 말씀으로 자행되는 학문적 억압이 잘 나타나 있지요. 14세기 이탈리아 수도원에서 벌어진 살인 사건을 해결해나가는 추리소설 형식으로 쓰여 있지만, 그 안에는 억압적인 중세의 종교권력과 성직자들의 전횡에 대한 신랄한 풍자가 곳곳에 깔려 있습니다.

이와 관련해서 재미있는 일화가 하나 있습니다. 한 수도원에서 수도사들 사이에 '말의 이빨은 몇 개인가?'라는 문제를 놓고 열띤 토론이 벌어지고 있었죠. 그럼 수도사들은 이 문제를 어떻게 해결했을까요? 상식적으로는 아무 문젯거리도 안 되죠. 마구간에 가서 직접 말의 입을 열고 세어보면 될 일이니까요. 하지만 그들은 그렇게 하지 않고, 성서에 뭐라고 나와 있는지 다른 종교 문헌에는 몇 개라고 적혀 있는지 열심히 찾았습니다. 아주 간단한 '경험적' 사실조차도 직접 확인하려 하지 않고 전적으로 신의 말씀에 의존했던 겁니다. 하느님 말씀이면 무조건 진리였던 시대예요. 여기에 어긋나면 응분의 대가를 치러야 했고요.

예컨대 15세기 이탈리아의 수학자이자 천문학자였던 브루노는 우주가 유한하다고 주장했다가 화형을 당합니다. 이유는 신이 그렇게 말씀하신 적이 없기 때문이었죠. 갈릴레이의 일화는 유명해서 다들 잘 아실 겁니다. 지구가 태양 주위를 돈다고 말했다가 종교재판을 받지요. 자기 이론을 부정하고서야 가까스로 목숨을 건집니다. 그래도 뒤끝은 있어서 재판정을 나오면서 "지동설이 맞다"며 중얼댔다고 하죠. (웃음) 이처럼 신 중심의 중세 신분제 사회에서 종교권력과 성직자의 위세는 하늘을 찌를 정도였습니다. 하지만 견제받지 않는 권력은 타락하게 마련이죠. 일례로, 당시 성직자들 사이에서 공공연히 행해지고 있던 난잡한 성생활을 그림으로 묘사하여 성직자들의 도덕적 타락상을 고발하는 소책자가 은밀하게 주민들 사이에 유통되기도 했습니다. 그것은 오늘날의 '포르노

그라피'의 시조라고 할 수 있죠.

여하튼 데카르트는 이런 불합리한 신분제 사회에 근본적인 질문을 던집니다. 정말로 신이 위대하고 전지전능하다면 왜 신음하고 고통받는 피지배 계층이 존재하는가? 소수 특권층만이 인간답게 살고 나머지 다수는 핍박받는 비인간적인 신분제가 어떻게 신의 이름으로 정당화될 수 있는가? 사람들이 진리의 척도라 믿어 의심치 않았던 신의 말씀에 '근본적인 의문'을 제기했던 겁니다. 그리고 스스로 답을 구합니다. 더 이상 신이 참과 거짓을 따지는 보편타당한 기준이 될 수 없다고 말이죠. 데카르트는 철학적 성찰의 결과물인 인간의 이성을, 오랜 기간 신이 차지해 왔던 자리에 새롭게 올려놓습니다. 인간의 이성만이 참과 거짓, 옳고 그름을 판별할 수 있는 보편적 척도로서의 자격이 있음을 선언했던 것이죠. "나는 생각한다, 고로 존재한다"는 말의 참뜻은 바로 여기에 있습니다.

실상이 이와 같다면, 근대 시민혁명을 통해 전근대적 신분제 질서가 역사에서 퇴장하기 수 세기 전에, 데카르트는 이미 '철학적으로' 혁명을 일으켰다고 할 수 있죠. 개인으로서 데카르트는 독실한 가톨릭 신자였습니다. 진심으로 하느님을 경배했던 사람이었죠. 그러므로 데카르트가 극복하고자 했던 것은 '종교적 의미'에서의 신이 아니라 왕이나 귀족, 성직자들이 이용했던 '이데올로기'로서의 신이라고 할 수 있을 겁니다.

어떻습니까? 이제는 데카르트라는 철학자가 조금은 달리 보이지 않나요? 당장 먹고살 빵을 주지는 못하지만, 그보다 더 중요하고 근본적인 문제인 '전쟁'을 끝내고 '신분제'를 타파할 '실천 방안'을 모색한 철학자가 바로 데카르트입니다. 그의 삶은 철학에 대해 편견을 가진 사람들에게 시사하는 바가 큽니다. 현실에서 부닥치는 시급하고도 중차대한 문제를 인식하고 이를 해결한 방안을 사유하고 제시하려는 학문이 바로 철학이라는 점을 생생히 보여주고 있지요.

철학의 열 가지 주요 특성들

데카르트의 삶과 철학을 통해 철학이 결코 현실과 동떨어진 학문이 아니라는 점을 짚어보았습니다. 그렇다면 이제 본격적으로 철학이 무엇인지 이야기해보겠습니다. 앞서 말씀드린 것처럼, 딱 부러지게 한마디로 말하기는 어렵습니다. 여러 관점에서 다양한 방식으로 정의가 내려지고 있기 때문이죠. 다만 철학의 특성 가운데 열 가지를 추려서 말씀드리는 것으로, 대신하려 합니다.

❶ 철학은 명사가 아니라 '동사'다

많은 분들은 철학을 명사로 생각합니다. 사상이나 지식, 정보 등으로 이해하지요. 그러나 철학은 '동사'입니다. '철학'(Philosophie)

이 아니라 '철학함'(Philosophieren)이에요. 동사로서의 철학, 곧 철학함이란 단순히 철학적 지식의 습득을 의미하지 않습니다. 어떤 문제에 대해 치열하게 사색하고 고민하고 씨름하면서 그 본질을 인식하고 해결책을 모색하는 사유 활동입니다. 앞으로 '철학'이라는 말이 나올 때마다 이 점을 꼭 기억하셨으면 합니다.

❷ 철학은 '괄호 치는' 것이다

철학의 기본 정신 가운데 하나는, 제아무리 최고 권위자의 견해라 해도 그것을 무비판적·무반성적으로 수용해서는 안 된다는 것입니다. 철학은 모든 주장과 입장에 일단 '괄호 치기'를 합니다. 괄호를 친다는 것은 '판단을 유보'한다는 뜻이에요. 희랍어로는 '에포케'라고 하고요. 존경하는 선생님의 강의를 듣거나 유명 철학자의 책을 읽을 때에도, 인품이나 권위만 믿고 무조건 받아들여서는 안 됩니다. 그 견해가 상당한 설득력이 있다 해도 마찬가지입니다. 판단을 유보하고 꼼꼼히 따져보아야 합니다. 더는 문제 삼을 거리가 없을 때, 반박할 근거가 없을 때, 비로소 괄호를 풀고 그 견해를 받아들여야 합니다. 이것이야말로 철학을 행하는 기본자세지요. 철학을 하는 사람이라면 사랑하는 부모님이나 존경하는 선생님의 말씀도 세심하게 따져야 합니다. 언뜻 반항하라는 것처럼 보이지만 그렇지 않습니다. 사람의 생각에는 저마다 한계가 있습니다. 그릇된 편견이나 잘못된 관념이 있지요. 예컨대 지역감정 같은 것은 기성세대에 널리 퍼진 잘못된 편견입니다. 이런 것들까지 무비판적으로 물려받지는 말자는 거예요.

❸ 철학은 '본질을 인식'하는 것이다

철학은 또 우리 눈앞에 보이는 것만을 놓고 쉽게 판단하거나 믿지 않습니다. 철학이란 겉으로 드러나는 '현상' 뒤에 자리한 '실체적 본질'을 비판적으로 꿰뚫어 보고 인식하는 사유 행위이기 때문이지요. 현상만 보고 생각하는 사람들은, 진짜 문제점이나 핵심을 제대로 포착하지 못하죠. 외려 문제점을 정확히 파악하고 해결하려는 사람들을 비난하려고 듭니다. "왜 그렇게 세상을 삐딱하게만 보느냐?"고 하면서 말이죠. 하지만 철학을 제대로 하려면, 끊임없이 현상의 이면에 놓인 '진짜 모습'이 어떤지를 들여다보려는 노력을 기울여야 합니다. 특히 온갖 미사여구와 화려한 이미지로 치장된 정치적·사회적 현상이 난무하는 오늘날에는 더욱더 중요한 '시민의 덕목'이라고 할 수 있지요. 물론 말은 쉽지만 어렵습니다. 때론 고통스럽기까지 합니다. 그러나 이러한 본질 인식을 게을리하거나 외면한다면 세상이 나아질 가능성은 점점 더 낮아질 겁니다.

❹ 철학은 근거 없는 편견으로부터 '자유로워지는' 것이다

이번에 언급할 특성은 철학에서 가장 중요한 것이라 할 수 있는 것이죠. 철학은 우리의 의식 속에 깊이 박혀 있는 편견과 고정관념, 무반성적인 관습적 사고로부터 벗어나려는, 치열한 '자기 반성적인 계몽적' 사유 행위라고 할 수 있습니다. 정당성이 결여된 선입견이나 인습적 사고는 오랜 기간에 걸쳐 우리의 의식 속에 뿌리내리고 체화되어버려, 너무나도 자연스럽고 당연한 것인 양 간주되기 십상이죠. 그것이 부당하고 비합리적인 것이라는 것을 안다고 해도 그로부터 벗어나기가 쉽지 않습니다.

가령 우리 사회에 널리 퍼져 있는 지역차별 의식과 같은 원초적 감정이 그 단적인 예라고 할 수 있죠. 이걸 여전히 이용하는 일부 정치집단의 탓도 크지만 쉽게 사라지지 않는 것은, 그만큼 사람들의 의식 속에 깊게 고착화되어 있기 때문이죠. 일종의 '본능'처럼 자리 잡았다고 볼 수 있을 겁니다.

그 밖에도 동성애자를 비롯한 성 소수자에 대한 우리 사회의 맹목적인 혐오나 거부감 같은 것도 대표적인 근거 없는 편견에 해당됩니다. 이에 관해서는 뒤에 좀 더 말씀드리기로 하지요. 여하튼 계몽적 사유 작용으로 언급된 철학의 특성에서 잊지 않았으면 하는 점은, 철학은 우리 의식 속에 깊이 자리한, 정당성이 결여된 낡고 편협한 고정관념과 편견을 깨뜨리고 벗어나는 것을 '최우선적인 목표'로 삼고 있다는 사실입니다.

❺ 철학은 '비판'하는 것이다

철학의 생명은 비판하는 데 있습니다. 이때 비판은 아무 문제가 없는데도 괜히 트집을 잡고 반대하는, 부정적이고 파괴적인 그런 것이 아닙니다. 철학에서 말하는 비판이란, 겉으로는 아무런 문제가 없는 지극히 정상적인 것처럼 보이지만 실상은 곪을 대로 곪은 치명적인 난점과 한계가 있을 수 있다는 점을 전제하고, 문제점과 그것의 근본 원인을 드러내 폭로하고 그 해결 방안을 찾아 나가는 사유 과정이라고 할 수 있습니다. 익숙한 것, 당연한 것, 편안한 것들에 그냥 안주하지 않고, 그것들에 내재한 본질적인 한계와 문제점을 들추어내어 그것을 극복하고 개선해 보려는 생산적인 '부정적 통찰' 과정이라고 부를 수도 있겠군요. 여하튼 비판을 해야만 무엇이 잘못되었고 왜 그렇게 되었는지를 또 그것을 제대로 고칠 수 있는 해결 방안을 알아낼 수 있지요. 그 점에서 비판은, 지금보다 더 나은 발전된 상태로 나가기 위해선 필수적으로 요청되는 일종의 '방법론적 회의' 같은 것이라 할 수 있습니다.

❻ 철학은 비판적 '자기 성찰'을 시도하는 것이다

방금 비판에 관해서 말씀드렸습니다만, 철학에서 비판이 향하는 일차적 대상은 무엇보다 '나 자신'입니다. 먼저 나부터 철저히 그리고 치열하게 비판하고 난 다음에, 다른 사람, 사회, 인류, 그리고 우주로 향해야 한다는 것이죠. 그런데 흔히 비판하기 좋아하는 사람들은 주로 남을 탓하죠. 자신에겐 대단히 관대하고 잘못은 자신이 아닌 남이나 외부로 돌립니다. 그렇지만 철학(함)에서는 자신을 엄정하고 날카로운 비판적 성찰의 '최우선적인' 대상으로 삼습니다. "이러한 나의 생각은 과연 타당하고 정당한 것인가?", "내가 하는 이 행위는 진정으로 옳고 정의로운 것인가?" 이처럼 끊임없이 자신에게 묻고 자신을 비판적으로 치열하게 성찰해 보는 것, 이것으로부터 철학은 시작됩니다.

❼ 철학은 이론의 차원을 넘어 '실천하는' 것이다

앞에서도 일부 말씀드렸지만, 철학은 단지 이론적으로 사유하고 성찰하는 데에만 그치지 않습니다. 그로부터 한발 더 나아가 인식된 문제점들을 실제로 해결하고 극복하려는 실천적 활동을 수행하지요. 그 점에서, 철학은 '이론'과 '실천'이 변증법적으로 통일된 '실천적 사유 활동'이라고 부를 수 있습니다. 물론 적지 않은 분들은, 철학이라고 하면 단지 특정 사안에 대해 골똘히 사유하거나 관조하는, 지극히 관념적 차원에 머무는 학문으로 생각하는 경향이 있는 것 같습니다. 하지만 이제껏 살펴본 것처럼 이 또한 근거 없는 편견에 불과하지요. 이와 관련해서 유명한 말이 하나 있습니다. "이제껏 철학자들은 세계를 단지 다양하게 해석해 왔다. 하지만 중요한 것은 세계를 변화시키는 것이다." 마르크스가 『포이어바흐에 관한 테제』에서 한 말인데, 철학의 핵심이 실천에 있다는 점을 잘 대변하고 있습니다.

❽ 철학은 끊임없이 '질문을 던지는' 것이다

철학에 관심이 있는 분들께 "왜 철학을 배우려고 하느냐?"고 물으면, 궁금한 것들이 많은데 철학은 제대로 답해줄 수 있을 것 같아서라고 말씀하십니다. 하지만 철학은 물음들에 대해 속 시원히 정답을 말해주기보다는, 오히려 끊임없이 질문을 던질 때가 훨씬 더 많지요. 그래서인지 몇몇 분들은 철학을 통해 보다 명확한 것을 얻고자 했는데, 더 혼란스러워졌다고 불평하시기도 합니다.

물론 철학도 제기된 질문에 대해 답하고자 합니다. 특정 물음에 대한 답을 찾아 나가는 사유 과정이 곧 철학이죠. 그렇지만 철학에서는 이른바 정답만이 중요한 것은 아닙니다. 거기에만 목매지 않지요. 이렇게 된 데에는 '정답' 또는 '진리'라고 하는 것들이 갖고 있는 독특한 성격도 한몫 거들고 있습니다. 사실 우리가 현 시점에서 진리라고 부르는 것들도 '잠정적인' 것이죠. 절대적이며 최종적인 것이 아니라 '절대적이며 상대적인' 것입니다. 이런 점에서도 철학은 궁극적인 답을 찾기 위해 끊임없이 묻고 답하고, 그에 대해 다시 질문을 던져 나가는 '과정'이라고 할 수 있습니다.

한데 이러한 질문을 던지는 과정에서 우리는 끊임없이 생각하고 고민하면서 새로운 사실들과 잠정적인 진리들을 깨달아 갑니다. 가령 "인간은 본래 선한 존재인가?"라는 물음을 통해 단번에 똑

부러지는 정답을 얻기는 힘들지만, 인간의 본래적 속성과 존재 방식 등에 대해 보다 폭넓고 깊이 있는 아울러 생산적인 사유를 하게 되지요. 이런 이유에서 철학은 '끊임없이 질문을 던져 나가는 사유 과정'이라고 했던 겁니다.

❾ 철학은 이성적인 '대화와 토론'을 벌여나가는 것이다

방금 철학은 질문을 던지는 것이라 했지요. 한데 질문을 하게 되면 그것에 대해 생각해 보게 되고 또 상대방과 함께 각자의 생각을 펼쳐 보이며 자연스레 대화나 토론, 논쟁을 벌이게 되지요. 이런 점에서 철학은 대화와 논쟁을 지향합니다.

물론 이때 철학적 대화나 논쟁의 목적은, 상대방의 오류를 지적하고 약점을 들춰내며 논리적 공격을 일방적으로 해댐으로써 승리를 쟁취하는 데 있지 않습니다. 서로의 입장을 존중하는 가운데 타당한 근거나 이유를 대어 설득하고 동의를 이끌어냄으로써 상호 합의를 이끌어내는 데 목적이 있습니다. 이 점에서 대화를 나누는 쌍방은 합의를 이끌어나가는 협력적 동반자 관계를 이루고 있습니다. 이렇듯 철학은, 각자의 이해관계가 걸린 특정 문제 앞에서도 각자의 이념이나 정파에 매몰되지 않고 이를 초월하여 "무엇이 진정으로 참이고 거짓인가?"를 이성적으로 판단하고 합의에 도달하려는 '협력적이며 생산적인' 논쟁을 지향합니다.

⑩ 철학은 서로의 '차이를 존중하고 인정'하는 것이다

이제 끝으로 하나만 더 말씀드릴까 합니다. 철학에서는 나의 생각이나 입장이 소중한 만큼 타인의 생각이나 견해도 똑같이 소중히 여기고 존중하고자 합니다. 이는 대화나 토론을 해나갈 때도 마찬가지죠. 그런데 이게 말이 쉽지 여간 어려운 것이 아닙니다. 우리는 보통 어떤 사안을 놓고, 상대방과 나의 관점이나 생각이 다를 경우 그 차이를 존중하고 인정하기보다는, 상대방이 틀렸다고 보고 나의 입장을 강요하기 일쑤죠. 합리적인 대화나 토론은커녕 감정 섞인 싸움이 벌어지곤 하니까요.

하지만 우리는 상대방의 주장이 나와 다르다고 해도 그것을 존중하고 그 차이를 인정해야 합니다. 그런 이유로, 철학은 나와 다른 사람 간의 '다름'이나 '차이'를 존중하고 인정해 나가는 사유 과정, 대화의 과정이라고 할 수 있겠습니다. 앞에서 제가 철학은 합리적인 대화를 전개해 나가는 것이라고 말씀드렸는데, 그것이 가능하기 위해서는 타인과 나 사이의 '다름'과 '차이'를 존중하고 인정하는 자세가 필수적으로 요청되기 때문입니다.

거칠게나마 철학이란 무엇인가에 대해, 대략 열 가지의 주요 특성들을 중심으로 말씀드렸습니다. 여러분들이 철학을 이해하는 데 조금이라도 도움이 되었기를 기대해봅니다. 그럼, 이제부터는 '일상적 삶의 현장에서 철학이 갖는 의미'가 무엇인지에 대해 '철학이 수행하는 역할'에 초점을 맞춰 말씀드리겠습니다.

일상에서의 철학의 역할과 기여

앞서 저는 철학의 특성을 얘기하면서, 철학은 '겉으로는 마치 아무런 문제도 없는 것처럼 보이는 것들이, 실제로는 치명적인 결함과 난점을 지니고 있음을 비판적으로 폭로하는 기능'을 수행한다고 말씀드린 바 있습니다. 한데 이는 우리가 살아가는 구체적인 삶의 현장에도 고스란히 적용될 수 있습니다. 이제껏 우리가 '아무런 의심도 하지 않고 당연하고 정상적인 것이라고 믿었던 것들이 실은 당연하지도 정상적이지도 않다는 사실'을 가감 없이 비판적으로 드러내 보여주는 역할과 기능이 일상적 삶의 세계에서도 동일하게 수행될 수 있다는 겁니다.

좀 더 구체적인 예를 들어보지요. 최근 심각한 사회문제로 떠오른 '청년실업' 사태인데요. 사람들은 이를 사회 구조적 문제가 아닌 개인의 문제로 생각합니다. 이들은, 젊은이들이 눈만 높아서 웬만한 중소기업은 거들떠보지도 않고 대기업만을 선호한다고 말합니다. 또는 능력이 없어서 실업자가 됐다고 생각해요. 심지어 당사자인 청년세대도 그렇게 생각합니다.

한때 장안의 화제였던 『아프니까 청춘이다』라는 책 제목처럼,

"젊을 때 고생은 사서도 한다"는 식으로 실업을 일종의 통과의례로 여기기도 합니다. 이런 인식의 공통점은 청년실업의 원인을 개인에게 돌린다는 것입니다.

하지만 철학의 관점에서 접근하면 상황은 전혀 다르게 드러납니다. 지금의 청년실업 문제는 청년세대 개개인의 잘못에서 비롯된 것도 아니며 젊은 시절에 누구나 겪기 마련인 불가피한 한때의 시련도 아닙니다. 청년실업은 '근본적으로' 불합리한 사회 경제적 구조와 제도, 잘못된 정책, 정부의 무능과 해결하려는 의지 부족으로 생긴 문제입니다.

실제로 젊은이들이 열정을 불태우며 패기 있게 도전해볼 만한 '작지만 유망한' 기업들이 많지 않습니다. 몇몇 대기업에 초점이 맞춰진 선별적이며 집중적인 지원과 육성을 통해 외견상 경제는 비약적으로 성장했지만, 그에 따라 구축된 대기업 중심의 전반적인 산업구조와 제도, 정책 등은 중소기업이 안정적으로 자리 잡고 발전해 나갈 토양을 앗아가는 결과를 낳았지요. 그래서 청년들이 취업할 만한 '괜찮은 수준의 중소기업'은 턱없이 부족한 상태입니다. 대기업들이 뽑는 인원도 취업 준비생의 엄청난 수에 비해서는 너무도 초라한 지경입니다. "낙타가 바늘구멍 통과하기"란 말이 딱 들어맞는 상황이죠.

상세한 말씀을 다 드릴 순 없지만, 결국 청년실업이 이처럼 심화된 데에는 정부의 잘못이 결정적입니다. 기존의 재벌 중시 정책도 그렇지만, 다양한 경제정책과 복지 차원의 제도 마련을 통해 청년 실업을 적극적으로 해결하려는 정부의 의지나 역량 부족, 정책적 실패와 실기, 행정적 무능이 사태를 이 지경까지 몰고 온 것이라 할 수 있지요. 그럼에도 정부는 비판의 화살을 피하기 위해 개인의 잘못인 양 상황이나 여론을 호도했던 것입니다.

좀 이해가 되셨나요? 그랬다면, 이는 철학이 나름 자신의 역할과 기능을 잘 수행한 덕분입니다. 지금까지 말씀드린 대목에서, 철학은 '너무나 당연하고 맞는 것이라고 믿었던 것들이 실은 당연한 것도 맞는 것도 아니라는 진실'을 비판적으로 드러내 보여주는 역할을 수행하고 있는 것이죠. 철학적 사유는 청년실업의 본질을 간파하고 근본 원인인 왜곡된 사회구조와 제도, 그리고 그렇게 만든 정부의 무능과 나태를 깨닫게 합니다.

이처럼 구체적인 삶의 현장에서 철학이 기여할 수 있는 유의미한 역할과 기능은 꽤 많습니다. 또 다른 예를 들어볼까요? '성적 소수자'와 관련된 문제입니다. 우리 사회에는 아직도 동성애자에 대한 뿌리 깊은 혐오가 남아 있죠. 이들을 사회적으로 추방하고 배제하려는 장치가 강력하게 작동하고 있기도 하고요. 그런데 그러한 거부감이나 배제가 과연 정당한 이유나 근거가 있는지는 지극히 의문입니다.

가령 어떤 분들은 말합니다. "동물들은 하나같이 암수끼리 짝을 이뤄 살아가는데, 왜 유독 동성애자들만 같은 성끼리 서로 좋아하

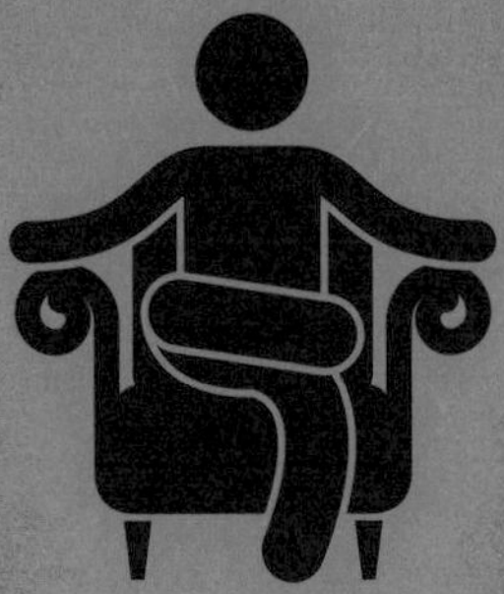

철학적 사유는 청년실업의 본질을 간파하고
근본 원인인 왜곡된 사회구조와 제도,
그리고 그렇게 만든 정부의 무능과 나태를 깨닫게 합니다.
이처럼 구체적인 삶의 현장에서 철학이 기여할 수 있는
유의미한 역할과 기능은 꽤 많습니다.

고 성적 결합을 하는지 도통 이해가 되지 않는다. 뭔가 비정상적이고 도덕적으로 문제가 있는 것 아니냐?" 하고요. 언뜻 그럴듯해 보입니다. 실제로 많은 사람들이 그런 주장에 쉽게 동의하고요. 하지만 이런 비판이 정말로 타당하고 합리적일까요? 이러한 의문에 대한 해답은, 우리의 의식을 비판적으로 들여다봄으로써 마련될 수 있습니다. 우리의 의식 속에 깊게 뿌리내린 편견과 고정관념으로부터 자유로워지기 위해서는 꼭 거쳐야만 하는 치열한 '자기 비판적 성찰' 말이지요. 철학의 주요 특성 가운데 하나라고 했던 바로 그것입니다. 기억나시죠? 철학을 한다는 것, 즉 철학함이란 '특정 문제에 관한 나의 입장이 타당성이 결여된 무반성적인 고정관념에 기초를 두고 있을 수 있다'는 가능성을 나 자신에게 끊임없이 환기시키면서 자기 자신을 비판하고 성찰하는 것에 다름 아니라는 사실 말이죠.

그러한 철학함에 의하면, 동성애자에 대한 혐오나 거부감은 한마디로 근거 없는 편견에서 비롯된 것입니다. 시간적 제약 때문에 모든 것을 다 다루기는 어렵고, 대표적으로 "자연의 법칙 혹은 음양의 원리에 위배되므로 동성애자는 정상이 아니며 도덕적으로 결함이 있다"는 주장이 왜 잘못된 것인지 한번 따져보겠습니다.

먼저, 동물의 세계를 보시면 '자연의 법칙'을 위반하여 동성애를 하는 종들이 적지 않게 있습니다. '보노보 원숭이'라든가 '채찍꼬리도마뱀'이 대표적이죠. 심지어 채찍꼬리도마뱀은 암컷만 존재합니다. 교미 시에는 한 암컷이 수컷의 역할을 맡아 하고요. 그럼에도 우리는 그처럼 동성애를 하는 동물들을 보고 비정상적이라고 '가치 판단'을 내리지 않습니다.

또 동물들은 종의 번식을 위해 정해진 시기에만 교미를 시도합니다. 이것 역시 자연의 법칙에 따른 것이라 할 수 있죠. 하지만 우리 인간은 어떤가요? 그야말로 시도 때도 없지요. (웃음) 인간의 성 행위는 이미 종 보존의 차원을 넘어 '유희적 행위'가 되었지요. 그렇다고 이걸 비정상적인 행위라고 비판하나요? 그렇지 않죠. 보통 사람들에게 이는 아무런 문제가 되지 않습니다. 독신자들은 또 어떤가요? 그들 또한 종 보존을 위해 2세를 낳아야 하는 자연의 명령, 자연의 법칙을 위반한 사람들입니다. 한데 그 누구도 이들을 비정상적이고 부도덕한 사람이라고 비난하지 않잖아요.

그렇다면 불공평하지 않나요? 다 같이 '자연의 법칙'을 위반했는데, 오직 동성애자만을 비정상적이라고 매도하니 말이죠. 한마디로 비판의 일관성이 없습니다. 따라서 동성애가 자연의 법칙에 위배되므로 비정상이라는 주장은 보편적으로 타당한 근거를 결여하고 있습니다. 정당한 논리라기보다는 "동성애자는 그냥 무조건 싫"은 사람들이 혐오감이나 적대감을 드러내기 위한 명분에 불과하지요. 이처럼 '철학함'은 우리로 하여금 당연한 듯 여겨지는 논리의 허구성을 간파할 수 있게 합니다.

지금까지 청년실업과 성 소수자 문제를 갖고, 삶의 현장에서 철학이 수행하는 역할과 기능에 대해 살펴보았습니다. 동성애자 문제만 해도 더 많은 논의와 설명이 필요한 주제인데, 본격적으로 이야기보따리를 풀려다 만 것 같은 느낌입니다. 그래도 조금은 해명이 되었겠지요. 무엇보다도 철학과 그것의 역할이 우리 삶에 미치는 영향과 기여하는 바가, 우리가 생각하는 것 이상으로, 매우 크다는 점은 분명히 전달되었을 거라 생각합니다. 아울러 철학과 철학의 기능이 우리의 삶의 도정에 대단히 긴요하다는 점은 확실히 각인되었을 거라고 믿습니다. 그러므로 예컨대 '우리 자신의 생각과 의식을 들여다보고 그곳에 얼마나 많은 편견과 고정 관념들로 가득 차 있는지를 비판적으로 성찰하는 것'은, 세상사를 제대로 파악하고 삶을 제대로 살아가기 위해서라도 필수적으로 요청된다는 점에 대해, 여러분 모두 동의할 것이라고 확신합니다.

한번 상상해 보세요. 어릴 때부터 가정과 학교에서 철학(함)을 배우고 익히고 몸소 실행해 나가는 것을! 그렇게 되면, 자신과 타인, 우리 사회의 '실상'을 있는 그대로 인식할 수 있는 비판적 통찰력을 지니게 될 겁니다. 또 근거 없는 편견에서 벗어나, 다양한 현상 이면에 자리한 본질을 정확히 꿰뚫어 볼 수 있는 '철학적 혜안'도 획득하게 될 것이고요. 그렇게 되면, 안에서는 썩은 내가 진동하는데도, 겉으로는 그저 아름답게 보이게끔 조작하고 통제하는 불순한 정치세력의 농간이나 기만술도 더 이상 먹혀들기 어렵게 될 것입니다. 편견과 고정관념에 기초한 무시와 혐오, 차별과 배제, 폭력도 사라지게 될 것이고, 그만큼 세상은 상호존중과 인정에 근거한 보다 자유롭고 공정한 정의 사회가 펼쳐지게 될 겁니다. 당연히 우리의 일상 역시 그만큼 더 행복해지겠지요.

부디 이러한 상상이 그저 상상으로 그치지 않고 현실에서 꼭 이루어졌으면 좋겠습니다. 그렇게 되기 위해서라도 일상적 삶의 과정에서 왜 그토록 철학의 역할과 기능이 중요하고 필수적으로 요청되는지, 절대로 잊으시면 안 되겠죠.

철학(함) 직접 해보기

지금부터는 이제까지 여러분과 함께 살펴봤던 철학(함)의 특성이라든가 기능, 역할 등을 염두에 두고, 실제로 '철학을 해보는' 기회를 가져보겠습니다. 이를 위해 몇 가지 사례를 마련해 봤습니다. 철학(함)을 시도할 준비가 되었나요? 그럼 같이 해보죠.

사례1 '공부를 잘하고 못하는 것'은 본인의 능력과 노력에 달렸다?

초등학교에 근무하는 A 교사는 평소 가정환경이 어려운 아이들을 먼저 챙기는 등, 차별이나 무관심으로 인해 아이들이 상처받지 않도록 세심한 노력을 기울이고 있다. 그런데 어느 날 모 대학에서 시행한 '영어 말하기 경연대회'에서 B 학생이 최우수상을 수상했다. 이에 A 교사는 B의 학생부에 "영어 말하기 경연대회에서 최우수상을 수상하는 등 영어 실력이 탁월한 뛰어난 학생"이라고 적었다. 반면 영어 학습 성취도가 가장 낮은 C 학생의 학생부에는 "나름 영어 공부를 잘 해보려고 하지만 기본적으로 영어 실력이 많이 부족해 보이는 학생"이라는 평가를 내렸다.

과연 이러한 평가는 공정한가?

어떤가요? 겉으로는, 아무 문제가 없는 공정한 평가처럼 보입니다. 하지만 '모든 것을 회의하라'던 데카르트의 철학적 가르침에 따라 한번 의심해보도록 하죠. 결코 공정하지 않은, 일방적으로 특정 학생에게 유리한 부당한 평가일 수도 있을 테니까요.

먼저, 최우수상을 받은 B 학생을 보지요. 특정 대학이 주최한 영어 말하기 경연 대회에서 최우수상을 받을 정도면, 영어 회화를 원어민 못지않게 잘한다는 것이죠. 이는 국내에서 태어나 정상적으로 제도권 영어 교육을 받았다면 도저히 도달하기 어려운 수준입니다. 그것도 초등학생 신분으로 말이죠. 여러 가지 가능성이 있는데, 설명의 편의상, 유학 간 부모 때문에 미국에서 태어나 10년 가까이 그곳에서 살다 귀국하여, 현재의 초등학교에 다니고 있다고 가정하고 논의를 진행해 보겠습니다.

이런 경우에, B의 이른바 탁월한 '영어 실력'은 B 학생 본인의 능력이나 노력, 성실성의 결과물로 보기는 어렵습니다. 두 가지 점에서 그렇습니다.

첫째, B가 지닌 영어 구사력은 본인이 열심히 공부했거나 의식적으로 노력해서 획득된 것이 아니라, 어릴 적부터 미국인들 사이에서 늘 듣고 말하면서 '자연스럽게 체득된' 것입니다. 여러분들이 우리말을 자유자재로 구사하게 된 것이, 한국어를 죽기 살기로 열심히 공부해서 그런 것이 아니듯이 말이죠. 철학에서는 이처럼 무의식적으로 반복하여 형성된, '습관화된 것'을 '아비투스'(habitus)라고 합니다.

둘째로, B의 뛰어난 영어 구사 능력은, 사실상 부모의 미국 유학 덕분에 획득된 것입니다. 좀 더 정확히 말하면, 부모가 소유하고 있는 '문화자본'의 덕택이지요. 여기서 말하는 문화자본이란 부모의 학력, 유학 경력, 자격증, 직업 등을 가리킵니다. 한데 이것이 주목받는 까닭은 '공부를 잘하고 못하는 것'이 학생들 본인의 능력이나 노력의 차이보다는, 그 부모들이 소유한 문화자본의 양적 차이에서 비롯된다는 것이 한층 더 현실적인 설득력을 얻고 있기 때문입니다.

사정이 이러함에도, A 교사는 B의 영어 구사력을 B 학생 본인의 개인적 역량과 노력, 성실성의 결과물로 간주하고 있습니다. 그러기에 별다른 노력 없이 체득된 영어 구사력을 뛰어난 '영어 실력'인 양 오인하고 있으며, 학생부에도 '영어 실력이 탁월한 학생'으로 기재하는 오류를 범하고 있는 것이죠.

그렇다면 C 학생은 어떤가요? '영어 실력이 많이 부족해 보인다'고 했는데 정말 그럴까요? 사실 C 학생은 뛰어난 언어적 잠재 능력을 갖고 있을 수도 있습니다. 다만 C의 집안 환경이 매우 어려운 상황이라면, 그 능력이 제대로 계발되지 못한 상태로 있을 수 있지요. 생계형 맞벌이를 하며 힘들게 살아가고 있는 탓에, C의 부모는 자식의 잠재적 능력이나 재능이 어떤 것인지 관심조차 기울일 여유가 없었기 때문이죠. 또 자식이 그러한 싹을 갖고 있다 해도, 그것을 제대로 발견해 계발시켜 줄 식견이나 능력도 부족한 상태이고요.

하지만 A 교사는 이런 점들에 대한 고려 없이, 곧바로 C의 영어 실력에 대해 부정적인 평가를 내렸습니다. 본래 영어 학습 능력이 떨어진다, 아울러 나름 공부한다고 하지만 열심히 하지는 않는다는 평가입니다. 한마디로 C 학생 본인의 부족 탓이라는 것이죠.

이렇듯 A 교사의 머릿속에는, C 학생의 부모가 소유한 문화자본의 양이 턱없이 부족한 탓에 C 학생의 이른바 '영어 실력'이 그처럼 매우 부족한 것으로 나타날 수밖에 없다는 점에 대한 반성적 의식은 처음부터 자리하고 있지 않았던 것으로 보입니다.

이제 이 사례에 관한 논의를 마무리 짓기 위해 핵심 내용만 정리해 보겠습니다.

A 교사의 평가에 의하면, B는 영어 실력이 뛰어난 학생이고, C는 영어 실력이 부족한 학생입니다. 그리고 두 학생 간의 실력 차

이는, B와 C 각자가 지닌 개인적인 영어 학습 능력이나 노력, 성실성 등의 차이에서 비롯된 것으로 설명됩니다.

하지만 B 학생과 C 학생 간의 영어 실력 차이는 '본질적으로' B와 C의 부모들이 지닌 문화자본의 소유량의 차이로 인한 것입니다. B의 탁월한 영어 구사 능력은 부모의 미국 유학이라는 문화자본 덕택으로 획득된 것이죠. 더욱이 그 구사 능력은 B 본인의 피나는 노력의 대가로 얻은 것도 아닙니다. 단지 미국 생활을 오래 했다는 그 이유로, 자동적으로 획득된 것이지요. 그에 비해 문화자본이 별로 없는 부모를 둔 탓에, 미국 생활은 고사하고 사교육 한번 제대로 받아본 적이 없는 C의 영어 구사력은 빈약하기 이를 데 없습니다. 그에 따라 영어 구사력이 이른바 '영어 실력'으로 둔갑하는 한국 사회에서 C의 영어 실력은 가장 낮은 수준의 것으로 나타납니다.

이러한 사실들을 진지하게 고려할 때, 우리는 A 교사의 평가가 결코 공정하지 않으며, 문화자본이 많은 부모를 둔 학생에게 일방적으로 유리한 '부당한' 평가를 내리고 있다는 사실을 곧바로 읽어낼 수 있을 것입니다.

사례2 수업 시간에 교사는 '가치중립적 태도'를 견지해야 한다?

현실 문제에 대한 교사의 '가치판단'과 관련하여, 아직은 여러모로 미성숙하다고 판단되는 초등학생이나 중학생을 대상으로 한 수업에서는 가능한 한 '가치중립적 관점'을 견지하는 것이 교사가 취할 마땅한 자세라는 주장이 있다. 아울러 적지 않은 교사들이 이에 호응하여 되도록 현실 연관적인 발언을 삼가고 자신의 가치판단을 내세우지 않으려고 애쓰고 있다. 우리 사회에서는 대체로 이를 바람직한 교육현상으로 받아들이고 있는 것처럼 보인다.

교사의 '가치중립성', '가치중립적 태도'는 과연 가능한가? 또한 바람직한가?

초등학생과 중학생은 아직 어리고 미숙하며 교사의 언행에 쉽게 영향을 받는다고 생각하는 분들이 많습니다. 그런 만큼, 교사의 말 한마디도 경우에 따라서는 결정적인 영향을 미칠 수 있기 때문에, 교사는 가치중립적 태도를 고수하면서 보다 신중하게 발언할 필요가 있다고 보는 것 같습니다. 충분히 일리 있는 생각이라고 봅니다.

하지만 그렇게만 생각하기에는 몇 가지 주목해봐야 할 걸림돌들이 있습니다.

먼저, 가치중립성이나 가치중립적 태도가 실제로 성립하기는 매우 어렵다는 점입니다. 자연과학마저도 가치중립성은 이미 깨졌습니다. 과학자들이 자연현상을 관찰할 경우에도, 이미 그가 속한 문화권의 특정 가치나 세계관을 부지불식간에 갖고 들어간다는 것이 일반적인 견해입니다. 사정이 이렇다면, 교사가 수업 시간에 가치중립성을 견지한다는 발상 자체가 이미 하나의 허구에 지나지 않는 것입니다. 결국 자신은 가치중립적으로 말했다고 하지만, 그 발언 속에는 이미 자신의 고유한 가치관이나 판단이 들어가 있는 겁니다.

다음으로, 가치중립성이란 그 자체가 또 하나의 '가치판단'에 다름 아니라는 지적입니다. 예를 하나 들어보죠. 히틀러가 통치하던 시기의 독일에서, 한 교사가 "나는 히틀러 정권을 거부할 생각도 없지만 지지할 생각도 없다"며 가치중립을 선언했다고 하지요. 그러면 그 교사는 과연 가치중립성을 견지하고 있는 걸까요? 본인은 그렇다고 주장할지 모르죠. 하지만 비판도 지지도 하지 않는다는 것은, 히틀러 정권의 독재와 만행을 현실적으로 용인하겠다는 것, 따라서 지지하겠다는 것과 다를 바 없습니다. 여기서 드러나듯이 가치중립성이란 결국 또 하나의 가치판단에 지나지 않습니다.

또 다른 걸림돌은, 가령 독재정권하에서 정부의 입장만을 옹호하는 내용이 담긴 교과서로 수업을 해야 하는 상황에서, 교사가 가치중립성을 취하는 경우에 발생하게 되는 문제점입니다. 그처럼 교사가 가치중립적인 태도를 견지하는 경우에는, 한편의 입장, 그것도 정당성이 결여된 정부의 입장만을 학생들에게 일방적으로 전달하게 되는, '가치 편향적인' 결과로 이어지기 때문이지요. 오히려 교사는 적절한 가치판단을 통해 교과 내용이 잘못되었음을 학생들에게 알려야 할 것입니다.

어떤가요? 수긍이 가나요? 대략 세 가지 관점에서 검토해 봤듯이, 잠정적인 결론은 교사의 가치중립성은 사실상 가능하지 않다는 것이었습니다. 물론 바람직스럽지도 않고요.

이에 대해서는 또 다른 지적이나 반론이 제기될 수 있습니다. 그에 대해서는 또 하나의 새로운 논의가 필요한 탓에, 일단 이 문제는 이 정도 선에서 일단락 지을까 합니다. 다만, 마무리 짓기 전에 다시 한 번 말씀드리고 싶은 것은 '현상적으로는 바람직스럽고 당연한 것처럼 보이는 것이, 실제로는 그렇지 않을 수도 있다'는 사실을 항상 염두에 두어야 한다는 점입니다.

사례3 진정 '종북'이 사회 불안을 조장하는가?

대규모 집회나 시위가 벌어질 때마다 빠지지 않고 등장하는 용어가 하나 있다. '종북'이다. 우리 사회에서 종북이라는 말이 갖는 파괴력은 엄청나다. 합법적으로 허용된 집회임에도, 왜 집회가 열렸는지, 시위를 할 수밖에 없는 원인은 무엇인지에 관한 물음은 사라지고, "종북세력 때문에 나라 망하게 생겼다"는 우려와 비난만이 온통 난무한다. 헌법에서 보장한 집회 및 시위의 자유는, 어느새 종북세력에 의한 사회 불안 조장 및 혼란 야기로 둔갑해 버린다. 이처럼 '종북'이란 용어는 정당한 시민적 권리와 요구, 도덕적 분노와 저항을 불온시하고 자발적인 복종과 순응을 이끌어내는 효과적인 이데올로기적 도구로 자리하고 있다.

과연 우리 사회에 종북세력은 실제로 존재하는가?

종북이란 흔히 '북한의 입장에 동조하고 추종하는 태도' 혹은 '그런 태도를 지닌 사람'을 가리킵니다. 보수 매체에서 주로 떠드는 "배후에 종북 세력이 있다"는 말에는, 그처럼 북한의 주장에 동조하는 무리들이 뭔가 '불순한' 의도를 갖고 대중을 선동, 조종하고 있다는 의미가 담겨 있지요. 사실 이 같은 종북의 유래는 꽤 오래되었습니다. 초대 대통령이었던 이승만에 의해 '나라와 동족을 팔아먹는 파괴분자'라는 의미의 '공산분자'에서 시작해서, 빨갱이, 주사파, 급진 좌파, 반대 세력 등을 거쳐 오늘의 종북에 이르게 되었죠.

그렇다면 이 용어들이 겨냥했던 대상은 누구였을까요? 실제로 북한 체제를 흠모하고 열렬히 지지하고 추종하던 사람들이었을까요? 물론 초기에는 '일부' 그랬을 수 있겠죠. 하지만 역사적으로 보면 그렇지 않다는 사실을 알게 됩니다. 가령 70년대 유신 독재정권에 맞서 싸우던 사람들은 죄다 북한의 사주를 받은 빨갱이나 용공분자라는 누명을 뒤집어써야 했지요. 1980년 5·18 민주화 투쟁 때는 선량한 광주 시민들이 이런 말을 들어야 했습니다. 유감스러운 것은, 명색이 제도적 민주주의가 정착된 이후에도 이러한 종북논리가 여전히 통용되고 또 먹혀들고 있다는 점입니다. 국민 건강권을 지키고자 수많은 시민들이 분연히 일어섰던 광우병 사태 때도, 심지어 세월호 참사의 진상을 규명하라는 유가족들의 외침에도, 종북이라는 딱지가 붙여졌습니다.

결국 종북세력이란, 독재정권에 맞서 투쟁하던 민주화세력이거나 권위주의 정권을 향해 비판적 개혁을 요구하던 평범한 민주 시민들에 다름 아니었습니다. 사실 형식적 민주화 이후에는 한동안 종북논리나 반공주의가 사라진 듯했습니다. 하지만 MB정부와 박근혜 정권을 거치면서 그것들은 다시금 등장했지요. 다만 그 목적은 달라졌습니다. 과거에는 주로 독재정권에 대항해 싸우던 반독재 민주화 운동 세력을 제거하기 위해, 북한의 사주를 받은 체제 전복 세력으로 규정하여 탄압을 가했지요. 한데 최근에는 '지지세력'의 결집을 통해 취약한 통치 기반을 강화하기 위해, 정부의 민주주의-퇴행적 행태에 비판적인 개혁적 시민세력을 소위 '국민통합'의 대상에서 배제하려는 의도에서 종북논리를 활용하고 있는 것으로 보입니다. 다시 말해 지금은 국민과 소통조차 하지 않는 정부의 잘못된 정책과 실정, 무능에 분노하고, 시정과 개혁을 요구하는 민주시민들이 종북으로 간주되는 것이죠.

조금 길게 말씀드렸는데, 잠정 결론은 종북이나 종북세력은 실재하지 않는다는 겁니다. 그 점에서 종북논리란 독재정권이나 퇴행적 민주주의 정부가, 자신들에게 비판적이거나 저항적인 민주

시민세력을 탄압하거나 배제하기 위해 만든 '정치 공학적 통치술'의 일환일 뿐인 것이죠. 이를테면 시민들의 정당한 시위나 집회를, 사회를 혼란에 빠뜨리고 체제를 전복시키려는 불온세력의 폭력적 선동 행위로 호도하는 정치적 책략인 셈이죠. 실상이 이렇다면, 사회 질서를 무너뜨리며 사회적 불안을 조성하는 것은 바로 반민주적 독재정권이나 민주주의-퇴행적 권위주의 정부라는 사실을 정확히 간파하고 있어야 됩니다. 아울러 집회와 결사, 시위의 자유는 민주 시민이 갖는 기본적 권리라는 점도 결코 잊어서는 안 될 것입니다.

철학(함)을 직접 해보니까 어떻습니까? 잘 되었나요? 생각만큼 쉽지만은 않지요. 그래도 철학이 어려운 것만은 아니라는 생각도 들었을 겁니다. 아마도 여러분들이 철학을 몸소 해본 것은 이번이 처음일 텐데, 아무래도 만족스러운 점보다는 불만족스러운 면이 더 많았을 것 같습니다. "첫술에 배부르랴"라는 속담이 있지요. 비록 기대했던 것만큼 성과가 없었다고 해도 너무 성급히 체념하지 마시고 계속해서 철학(함)을 시도하셨으면 합니다. 꾸준히 자꾸 철학을 하다 보면 흥미를 느낄 수 있을 겁니다. 또한 자신과 타인을 대하는 태도, 세상을 바라보는 시각이 점차 바뀔 거예요. 그러다 보면 여러분들도 철학(함)을 업으로 삼는 저 같은 철학도들 못지않게, 철학적 사유를 능숙하게 해낼 수 있는 수준에 이르게 될 것입니다. 철학, 알고 보면 별거 아닙니다. 누구나 할 수 있어요.

이제 강의를 마칠 시간입니다. 끝까지 '철학(함)'에 대한 두서없는 이야기를 열심히 그리고 진지하게 경청해주신 여러분께 진심으로 감사하다는 말씀을 드립니다. 고맙습니다.

Q&A

청중 선생님께서는 철학(함)을 통해 세상을 제대로 인식하고 문제의 본질을 꿰뚫어 봐야 한다고 말씀하셨습니다. 그런데 이러한 인식의 전환이 곧바로 실천으로 이어질 수 있을까요? 지금 우리나라의 민주주의를 걱정하는 사람들도 뭔가 잘못되어가고 있다는 걸 알지만, 방법을 몰라서 혹은 현실적인 문제들로 인해 실천에 나서지 못하는 경우가 많거든요. 반면에 이해관계가 걸린 일에는 너나없이 싸우는 게 현실입니다. 이런 상황에서도 철학적 사유가 실천으로 이어질 수 있을까요?

선우현 인간인 이상 당장 자신에게 아무런 손해도 가지 않는 일, 또 자신의 이해관계와 직접적으로 관련되어 있지 않은 일을, 나 자신의 문제처럼 고민하고 해결하려고 선뜻 나선다는 것은 사실 그리 쉽지 않습니다. 어찌 보면 사회주의 이론이 간과한 것도 인간의 이런 면이었죠. 마르크스는 자본주의 체제의 모순을 인식하기만 하면, 노동자 계급이 주도하는 혁명이 자동적으로 일어날 거라고 예상했지요. 하지만 혁명으로 이어지지 않았습니다. 곧 무너질 거라 봤던 자본주의는 아직도 건재하고 노동자 계급이 세운 나라라고 자부했던 사회주의 국가 소련은 오히려 해체되었죠.

그렇다면 대체 어디서부터 잘못된 걸까요? 분명한 것은, 안다고 해서 자동적으로 그것이 실천 행위로 연결되는 것은 아니라는 점이죠. 사회 개혁이나 사회 변혁적인 운동으로 이어지기 위해서는 앎과 인식의 수준을 넘어 모순이나 문제를 해결하겠다는 개개인의 굳건한 '실천 의지'가 필수적으로 요청됩니다. 이는 의식화 작업 등을 통해 '사회적 문제가 곧 나의 문제'라는 인식의 전환이 이루어짐으로써 점차 가능해지죠. 또 개인들의 그 같은 실천 의지를 보다 강화하면서 하나로 모으는 작업이 병행되어야만 합니다. 사회구조나 제도의 문제점을 개인들이 개별적으로 해결하는 것은 불가능하죠. 개인들의 힘과 의지를 하나로 모으는 작업, '사회적 연대'가 필수적으로 요구되는 겁니다.

그렇다면 당장 실천과 연결되지 않는다고 해서, 철학적 사유나 비판적 인식이 갖는 효용성이나 중요성이 경시되어도 괜찮을까요? 저는 그렇지 않다고 생각합니다. 모순을 은폐하고 통치계급의 지배 이데올로기를 교묘한 방식으로 은밀히 내면화하고 있는 오늘의 변화된 사회상황을 고려할 때, 문제의 본질을 꿰뚫어 보는 '철학적 성찰'과 '비판적 인식'의 중요성과 효용성은 이전보다 훨씬 더 커졌다고 할 수 있지 않을까요?

당장 세상이 바뀌지 않는다고 해서 세상을 바꾸어보겠다는 생각이 틀린 것이 아닌 것처럼, 실천이 어렵다고 해서 비판적으로 생각하고 인식하는 것을 멈추는 것은 옳지 않습니다.

청중 오늘날 소위 진보 세력이 가지는 한계가 있다고 생각합니다. 과거 군사독재정권 시절부터 민주주의를 위해 싸웠고 결국 오늘의 값진 성과를 얻은 것을 부정할 수는 없지만, 시대 변화에 뒤따르지 못한 측면도 있고요. 너무 이성을 중심으로 놓고 생각하다 보니 인간의 보편적인 감성을 놓친 건 아닌가 하는 생각도 듭니다. 나만 옳다는 자만(自慢)이, 우리 사회의 대다수를 차지하는 보통 사람들을 멀어지게 한 건 아닌지 하는 생각도 들고요. 선생님께서 데카르트의 철학적 업적을 말씀하시면서, 그가 '신의 말씀'이 있었던 자리에 이성을 놓았다고 하셨는데요, 지금은 그 이성의 자리에 또 다른 무언가를 두어야 하는 건 아닌지 여쭤보고 싶습니다.

선우현 완벽하진 않지만 제도적 민주주의가 확립된 우리 상황에서는 선거가 한층 더 중요해졌다고 볼 수 있습니다. 한데 이 선거라는 것이, 유권자들의 이성적 판단에 의해 결정되기 보다는 비이성, 특히 감성에 좌우되는 경향이 더 커지는 것 같습니다. 지역감정이라는 것도 그렇고요. 원론적으로 말하면, 유권자는 이성에 의거해 합리적으로 판단해 국가나 지역에 도움이 될 사람을 뽑아야 하지요. 하나 현실은 그렇지 않지요. 많은 이들이 아직도 동문이나 같은 고향 출신, 언론을 통해 만들어진 거짓된 이미지, 심지어 외모에 호감을 느껴 표를 던지는 경우가 적지 않습니다.

그런데 이런 현실을 활용해, 유권자의 감성이나 욕망에 호소하는 이른바 대중 영합적인 전술을 적절히 잘 구사하는 세력이 있습니다. 바로 현 보수 집권 세력이지요. 끊임없이 사람들의 세속적 욕망을 부추기고 현혹합니다. 자신의 진짜 모습, 실체를 숨기기 위해 다양한 감언이설로 치장하고 관심을 모으는 정치적 이벤트를 계속하기도 하고요. MB정부 시절의 뉴타운 공약 같은 게 대표적이었지요.

그에 비해 진보는 어떻습니까? 논쟁적이고 끊임없이 상대방을 계몽하고 설득하고 뭔가를 가르치려 들지 않나요? 조금 세게 말해서, '자기들만 도덕적이고 옳고 다른 사람들은 다 문제가 있다'는 식의 이미지가, 많은 분들이 떠올리는 진보의 모습 아닌가요? 저는 이것이야말로 부정할 수 없는 현실이라고 생각합니다. 똑똑하고 말하는 것도 다 맞는 거 같은데, 왠지 얄밉고 받아들이기 싫은 그런 기분이 들죠.

진보세력이 논리만 앞세우고 이성적 판단만 강요해서는 대중의 폭넓은 지지를 받기 어렵습니다. 존립 그 자체도 힘들어질 수 있지요. 따라서 제대로 된 진보이기 위해서는, 보통 사람들의 잘살고 싶어 하는 '세속적인 욕망'도 존중하고 인정해야 합니다. 그들의 비합리적인 정서적 태도도 이해하려고 노력해야 하고요. 심지어 보수적인 사람들의 입장도 헤아릴 줄 아는 포용력을 길러야 합니다.

그러기 위해선 합리적인 토론과 논쟁도 중요하지만, 무엇보다 정서적인 공감이 필수적으로 요청되지요. 그간 진보세력이 '가치'와 '이념'에 주안점을 두고 이성적인 투쟁을 전개해왔다면, 이제는 감성과 정서에 기초한 '공감'과 '설득'에 보다 더 많을 힘을 쏟아야 할 거라고 생각합니다.

청중 철학이 어렵다는 게 선입견이라고 하셨는데요. 안타깝게도 저도 그런 선입견을 가진 사람 중 한 명입니다. (웃음) 다만, 청소년들만큼은 그런 선입견에서 벗어날 수 있게 하고 싶은데요, 선생님께서 보시기에 권할 만한 책이 있을까요?

선우현 사실 청소년들이 쉽게 접할 만한 철학서가 그리 많지는 않습니다. 그래도 비교적 접근하기 쉬운 입문서를 몇 종 추천해보자면, 절판된 책이긴 합니다만, 최종욱 선생님이 쓰신 『일상에서의 철학』이라는 책을 가장 먼저 권합니다. 선생님은 제게 커다란 철학적 가르침을 주신 은사 중의 한 분이기도 합니다. 이 책은 일상을 살아가면서 우리가 고민하고 토론하고 그랬던 것들이 다 '철학(함)'이라는 걸 보여주는 그런 책입니다. 전남대 김상봉 선생님의 『호모 에티쿠스』는 주요 윤리 사상을 쉽게 풀어쓴 책인데, 그 어렵다는 칸트 윤리학도 이야기하듯이 쉽게 설명하고 있어, 한번 읽어보시면 충분히 이해될 겁니다. 현재 고등학교 철학 교사이신 안광복 선생님의 책들, 『처음 읽는 서양철학사』나 『철학, 역사를 만나다』 등도 청소년들이 읽기에 좋습니다.

그리고 저는 꼭 철학서가 아니어도 좋다고 생각합니다. 역사책이나 다양한 분야의 입문서들도 청소년들의 철학적 사유를 키우는 데 도움이 많이 된다고 봅니다. 저는 대학 신입생들과 수업할 때 박노자 교수의 『당신들의 대한민국』이나 『좌우는 있어도 위아래는 없다』, 그리고 역사학뿐 아니라 정치학과 경제학 등 여러 분야의 전문 연구자들이 함께 쓴 『해방 전후사의 인식』 시리즈를 활용하고 있습니다. 출간된 지 꽤 된 책들도 있지만 오늘의 한국사회의 실상과 본질적 문제들을 철학적 관점에서 제대로 바라보고 평가하는 데 매우 요긴한 내용들을 담고 있습니다. 비록 철학 책은 아니지만, 권정생 선생님의 기독교 비판서라 할 『우리들의 하나님』, 스테판 에셀의 『분노하라』 같은 책들도 우리가 당연히 여기는 것들에 대해 끊임없이 비판적 질문을 던지는 훌륭한 철학적 입문서라고 할 수 있습니다.

진실을 파헤쳐 보려는 비판적 자세만 갖추고 있다면, 다양한 분야의 좋은 책들을 고루 읽어 보는 것도 철학적 문제의식을 키우고 세상을 제대로 바라보는 시야를 넓히는 길이라 생각합니다. 그것이 '철학을 하는 것(철학함)'이기도 하고요.

다수를 위한 소수의 희생은 정당한가?

4강

타잔은 왜 백인일까?

이희수

이
희
수

터키, 튀니지, 사우디아라비아 등지에서 수십 년 동안 이슬람 문화를 연구한 이슬람 문화 연구자이자 실천가이다. 역사에 바탕을 둔 중동 이슬람권 문화와 이들의 소수 민족 문제에 관심을 갖고 연구를 계속해오고 있다. 저서로 『이희수 교수의 이슬람』, 『이슬람 학교』, 『이슬람과 한국문화』, 『이슬람 문화』, 『톡톡 이슬람』, 『어린이 이슬람 바로 알기』 등이 있다.

안녕하십니까, 오늘은 여러분과 함께 인류학적 관점에서 이슬람 문화를 다룰까 합니다. 우선 인류학이 무엇인지 잠깐 설명해 드리지요. 인류학은 말 그대로 인간을 연구하는 학문입니다. 사실 다른 인문학의 대상도 인간이지요. 역사, 철학, 문학 등이 그렇습니다. 그래서 제가 수업시간에 인류학의 정의를 이렇게 말하면 학생들이 난감해해요. 다른 학문 분야와 구별되는 지점을 알려주면 그제야 고개를 끄덕입니다. 인류학이 다른 학문과 구분되는 특징은 '균형 감각'에 있습니다. 나와 다른 생각, 다른 가치를 가진 사람들을 있는 그대로 존중하는 것에서 출발하지요. 이걸 다른 말로 '문화상대주의'라고 합니다. 오늘 이야기도 바로 그런 시각으로 풀어나가고자 합니다.

아이에스(IS)를 아십니까?

최근 아이에스(IS, Islamic State)의 테러로 세계가 골머리를 앓고 있지요? 그런데 이슬람 세계에서는 국가를 표방하는 IS 대신 '다에시'(Daeshi)라는 표현을 사용합니다. 깡패 집단, 불량 집단이라는 뜻이지요. 이라크와 시리아 일부를 점령한 무장 단체로 정규군 5만 명에 예비군까지 포함하면 그 수가 8만 7000명에 이른다고 합니다. 이들은 포로 처형 장면을 생중계하는 극단적 테러를 보이며 사람들을 공포에 떨게 하지요. 미국을 위시해 영국, 프랑스, 벨기에, 캐나다, 호주 등의 연합군이 공습 작전을 벌였지만 여전히 건재합니다. 이쯤 되면 도대체 IS의 정체가 뭐냐? 하고 궁금해하실 거예요. 이걸 알려면 미국의 이라크 침공 때로 거슬러 올라가야 합니다.

2001년 9·11 테러가 발생하고 미국의 부시 행정부는 대테러 전쟁을 시작합니다. 한 달 후 테러 주도 세력인 탈레반을 제거한다는 명분으로 아프가니스탄을 침공하지요. 2003년 3월에는 대량 살상 무기를 소유하고 있다는 이유로 이라크를 침공합니다. 10년 넘게 전쟁을 치르면서 미국은 여기에 엄청난 돈을 쏟아붓습니다. 2013년 말 통계로 무려 4조 3000억 달러 규모입니다. 우리 돈으로 거의 5000조에 달하는, 보통 사람은 상상도 할 수 없는 엄청난 돈입니다. 게다가 미국은 이 천문학적인 비용을 들인 전쟁에서 별다른 성과를 얻지 못합니다.

오바마 행정부가 이 문제를 해결하기 위해 출범 초기에 약 120명의 민간 전문가들을 아프가니스탄에 파견합니다. 현지 상황을 점검하고 출구 전략을 모색하기 위해서였지요. 그런데 보고서 내용을 한마디로 요약하면 "아프가니스탄에서 탈레반의 괴멸은 불가능하다"였습니다. 그들이 나쁜 조직임은 틀림없지만, 이미 아프가니스탄 북동부 지역 4분의 1을 장악하여 그곳 주민들의 생존을 책임지고 있었기 때문입니다. 그쪽은 중앙정부의 통제가 미치지 않기에 물이나 전기 같은 기본적인 생존 기반이 없습니다. 탈레반이 정부 역할을 하고 있기 때문에 이들을 제거하면 주민들도 죽는다는 거예요. 이미 테러리스트와 민간인이 구분되지 않은 상황이고요. 아프가니스탄 인구가 2800만 명쯤 되니까, 대략 500~550만 명의 희생을 대가로 해야 하는 전쟁을 누가 동의하겠습니까. 제아무리 미국이라도 그렇게는 못하는 거예요. 그래서 미국은 우선 탈레반과의 협상을 통해 권력을 분점하고 아프가니스탄의 정치적 안정을 꾀한 후 오바마 대통령 임기 내에 전쟁을 종결하겠다는 출구 전략을 세웁니다.*

미국도 미국이지만 이 전쟁으로 희생된 이슬람 지역의 민간인 피해자가 엄청납니다. 미국 인권단체인 휴먼라이츠워치(Human Rights Watch) 통계를 보면 아프가니스탄, 이라크, 시리아 등에서 전쟁으로 희생된 민간인 수가 수십만 명에 달합니다. 미국은 돈을 잃었지만, 대테러 전쟁의 무대가 된 이슬람 지역 사람들은 생명을 대가로 치른 거예요. 하지만 미국 사람들은 이러한 사실을 심각하게 여기지 않아요. 정부 차원에서 제대로 된 민간인 희생자 통계도 잡지 않는 도덕적 불감증을 보여주고 있습니다. 제가 이 말씀을 드리는 이유는 그 배경에 이슬람에 대한 서구인들의 편향된 시선이 깔렸기 때문입니다. 미국과 유럽은 이민족, 특히 이슬람 세계에 대해

---

* 2015년 10월 15일 오바마 행정부는 기자회견을 열어 탈레반의 공세와 IS의 대두를 이유로 아프가니스탄의 미군 철수를 재검토한다는 내용을 발표한다.

배타적인 문화가 팽배합니다.

사실 그 유래는 매우 오래되었습니다. 역사적으로 유럽인들은 이민족에 대한 경계심이 강했습니다. 유색 인종을 열등한 민족으로 보는 시각이 과학이라는 이름으로 유행하기도 했고요. 심지어 같은 백인들끼리도 차별했습니다. 아일랜드에 대한 잉글랜드의 탄압이 그렇고 히틀러가 유대인을 학살할 수 있었던 배경에도 이러한 인종주의가 도사리고 있었습니다. 인종주의는 '소수에 대한 다수의 혐오와 폭력'이 특징입니다. 그리고 그것은 또 다른 폭력을 불러오지요.

그동안 대테러 진쟁으로 희생된 이슬람 사람들이 어떤 생각을 할까요? 내 부모, 내 가족이 미국의 공습으로 죽었다면? 당연히 증오와 분노가 생기겠지요. 지금 IS가 장악한 지역이 그렇습니다. 전문가들은 IS를 이만큼 키운 것이 10년 넘게 진행된 미국의 대테러 전쟁이라고 지적합니다. 증오라는 게 이성으로는 제어할 수 없는 극단적인 감정이잖아요. 자살 폭탄 테러 같은 걸 감행할 수 있는 것도 증오와 복수심 때문입니다. 이걸 폭격으로 막을 수 있을까요?

방법은 다른 곳에서 찾아야 합니다. 그동안 전쟁으로 희생된 무고한 사람들의 가슴속 응어리를 치유해야 해요. 그래야 IS 같은 테러 조직이 발붙일 수 없습니다. 그럼에도 아무도 그런 노력을 기울이지 않지요. 당장 비행기를 띄우고 엄청난 양의 폭탄을 쏟아붓는 장면을 보며 분풀이를 할 뿐입니다.

이라크 전쟁에서 죽은 미국 군인이 대략 6500명쯤 됩니다. 그들의 관은 성조기에 덮여 한 명씩 정성스럽게 운구됩니다. 공동묘지에 안장될 때까지 언론에서 생중계하지요. 온 국민이 그들의 죽음을 애도하고, 때로는 그들을 기리는 흉상이 세워지기도 합니다. 죽은 자의 명예를 높이고 그들의 희생을 기억하겠다는 의지예요. 전쟁에서 희생된 자를 기리는 일은 국민의 생명을 지키고 보호해야 할 국가로서 당연한 책무입니다. 하지만 여기서 간과되는 것이 있어요. 아까도 말씀드렸지만, 이슬람 지역에서 수많은 민간인 희생자들이 발생했습니다. 이들의 아픔은 누가 달래줍니까? 이라크 전쟁, 결국 미국은 잘못을 시인했지요. 국제적으로도 정당성을 얻지 못한 그 전쟁으로 희생된 사람들에 대해 단 한 번이라도 사과한 적이 있나요?

알 카에다 정규군 규모가 대략 3500~5000명 됩니다. 모두 훈련을 잘 받은 요원들이지요. 대테러 전쟁의 목적은 이들을 제거하기 위한 것이었습니다. 그런데 결과는 실망스러웠지요. 알 카에다는 여전히 전 세계에서 활동하고 있습니다. 그리고 '후발주자'인 IS가 등장합니다. 이들은 그 규모가 훨씬 커요. 놀라운 건 10대 후반에서 20대 중반의 젊은이들이 'IS 전사(戰士)'로 활동한다는 사실입니다. 그 수가 무려 3500여 명에 이른다고 해요. 이들은 강제로 끌려간 사람들이 아니에요. 전 세계에서 자발적으로 합류한 겁니다. 역사적으로도 전무후무한 일입니다.

2014년 8월 IS는 미국의 이라크 공습에 대한 보복으로 미국인 기자 제임스 폴리를 참수했습니다. 이 끔찍한 장면이 유튜브에 올라왔어요. 전 세계가 경악했습니다. 그런데 복면을 하고 참수를 집행한 IS 조직원이 아랍어가 아닌 완벽한 영어를 구사해요. 수상히 여긴 영국 정보부는 조사 끝에 그가 스물세 살의 영국 청년이라는 사실을 알아냈습니다. 런던에 사는 중산층 이주자의 2세였지요. 래퍼로 활동하던 이 청년은 시리아로 건너가 IS 조직원이 됩니다. 놀라운 것은 시리아에 있는 영국 출신 조직원이 무려 500여 명이나 된다는 사실이었습니다. 영국을 비롯한 유럽인들은 공황 상태에 빠졌습니다. 민주주의와 복지, 문화의 선진국이라는 자부심은 형편없이 추락합니다. 영국 중산층 젊은이가 극단적인 테러 조직에 자발적으로 합류했다는 사실을 받아들이기 어려웠겠지요. 반성의 목소리가 커졌습니다. 결국은 사회적 차별, 불공정, 소외, 무관심이 이유는 아니었을까? 젊은 세대가 견딜 수 없을 만큼 절망적인 사회가 된 건 아닐까? 그래서 영국에서 나고 자랐어도 이주자의 자녀라는 신분 때문에 사회적으로 동화되지 못한 이들이 급진적인 이슬람 근본주의에 빠져든 게 아니냐는 분석도 나오지요.

이주민 1세대들이야 어차피 가난을 피하고자 온 거니까 타민족에 대한 모욕을 각오하잖아요. 그러나 다음 세대는 다릅니다. 자기들도 남들과 똑같이 태어나고 자랐어요. 부모의 인종과 민족이 다를 뿐입니다. 은근한 차별의 시선을 견디기 어려웠을 겁니다. 이러한 사실 때문에 유럽에서 이슬람 출신에 대한 다문화 정책이 실패한 것 아니냐는 비판이 설득력을 얻습니다.

'단일 민족' 신화에서 벗어나기

이번에는 우리 쪽으로 시선을 돌려보지요. 우리는 이슬람에 대해 얼마나 이해하고 있을까요?

우리나라는 오랫동안 '단일 민족' 신화에 익숙해져 왔어요. 그런데 언제부턴가 주변에 피부색이 다른 사람들이 늘어나기 시작했죠. 이들은 외국인 노동자들이기도 하고 식당에서 일하는 조선족이기도 하고 베트남, 태국에서 온 결혼 이주자들이기도 합니다. 이들의 수가 늘어나면서 곱지 않은 시선, 차별적인 시선도 점점 커지고 있습니다. 이런 상황에서 우리는 이들을 받아들일 준비가 되어 있는지를 따져봐야 합니다. 피부색이 다르고 종교가 다른 사람들이 상처받지 않고 자랄 환경이 마련되어 있는가에 대해 생각해야 합니다.

이슬람 지역 출신만 해도 한 3800쌍 정도가 결혼 이주민으로 우리나라에 들어왔지요. 이들의 2세는 당연히 한국 국적을 가지고 있습니다. 지금 추세대로라면 5년쯤 후에는 2세대 아이들이 군대에 가기 시작합니다. 그런데 군대가 어떤 곳입니까? 규율과 통제도 엄격할뿐더러 사고도 빈번한 곳이잖아요. 이주민 2세대가 그런 문화에 잘 적응할 수 있을지 살펴야 할 때가 되었습니다. 이들에 대한 차별과 소외의 문화를 점검하지 않으면 지금 유럽인들이 안고 있는 문제를 우리도 겪을 수 있어요. 이건 피할 수도 늦출 수도 없는 과제입니다.

지금 우리나라 출산율, 인구 증가율은 OECD 최하 수준입니다. 고령화가 심각하다는 일본은 2050년경이면 인구가 지금의 1억 2000만 명에서 8000만 명으로 줄어든다고 해요. 그런데 우리나라는 지금 일본보다 인구 증가율이 낮습니다. 이러다 인구가 반 토막이 되는 건 아니냐는 걱정이 나올 만해요. 저출산 문제가 해결되지 않으면 이 비관적인 예측은 곧 현실이 될 겁니다. 내부에서 인구가 늘지 않으면 외부에서 유입될 가능성이 많아요. 즉, 앞으로 다가올 다문화 사회에 대비해야 한다는 겁니다.

경기도 연천의 전곡리에 가면 구석기 유적이 있습니다. 대략 30만 년 됐는데 연구진이 DNA 검사를 했더니 당시 살았던 사람들은 지금 우리와 직접적인 관련이 없다는 사실이 밝혀졌습니다. 한마디로 직계 조상이 아니라는 거예요. 당시 사람들은 멸종했거나 다른 곳으로 이주했을 겁니다.

이곳저곳 돌아다니던 사람들이 한반도에 정착해서 오늘날에 이른 것은 1만 년쯤 전으로 잡습니다. 이후로 같은 장소에서 쭉 살아왔지요. 그런데 이렇게 한 영토에서 1만 년 동안 한 DNA를 공유한 민족이 계속 살아온 예가 없어요. 세계에서 유일합니다. 그런 민족이 처음으로 다문화라는 삶을 살게 되는 겁니다. 당황스러울 수밖에 없어요. 어떻게 하면 이런 변화에 현명하게 대비할 수 있을까요? 우선 '다문화'의 속성을 제대로 알아야 합니다.

여러분, 다문화 사회란 무엇일까요? 다문화 사회라는 것은 다수와 소수가 복합적으로 기능하는 사회입니다. 따라서 소수에 대한 배려가 필요하지요. 단일 문화일 때는 고려하지 않아도 될 부분들을 감안해야 합니다.

"우리끼리" 사는 세상은 참 편합니다. 오랫동안 경험을 나누었기에 말이 없어도 통하지요. 잘못 얘기해도 바로 알아듣습니다. 규칙을 정하지 않아도 갈등이 발생하지 않아요. 서로 잘 알기에 상대가 무엇을 원하는지 무엇을 싫어하는지 금세 깨닫습니다. 하지만 그만큼 정체되기가 쉬워요. 문화는 섞이면서 발전하는 속성이 있습니다. 한 집단의 상상력은 한계가 있어요. 서로 다른 가치와 생각, 이념을 가진 사람들이 모였을 때 창의력이 생깁니다. 비슷한 사람들끼리 몰려 있으면 편하고 좋지만 색다른 맛이 없는 이유입니다.

다문화는 포용을 필요로 합니다. 소수 집단은 억압하고 차별할수록 돌덩이처럼 더 강하게 결속하는 경향이 있습니다. 이것은 동서고금을 통해 봐도 불변의 법칙입니다. 포용하지 않으면 갈등이

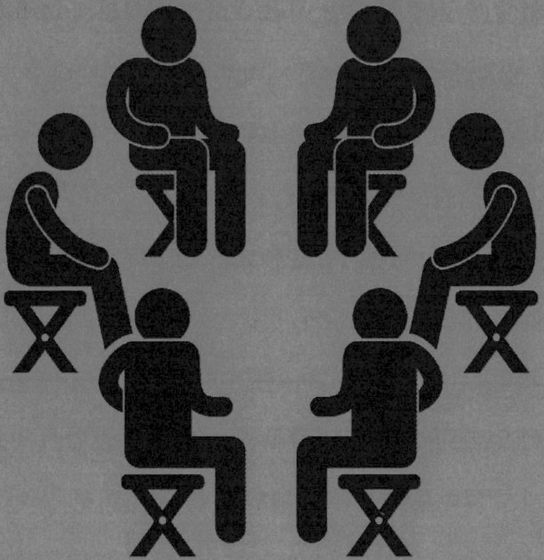

문화는 섞이면서 발전하는 속성이 있습니다.
한 집단의 상상력은 한계가 있어요.
서로 다른 가치와, 생각, 이념을 가진 사람들이
모였을 때 창의력이 생깁니다.

생길 수밖에 없어요. 반면에, 받아들이면 누가 강요하지 않아도 자발적으로 섞여들면서 하나로 통합됩니다. 상대를 존중하는 사람과 함께하고 싶어 하는 게 인지상정입니다.

타잔은 왜 백인일까?

지금 동아시아는 역사를 두고 갈등이 깊어지고 있습니다. 중국은 동북공정이라고 해서 우리나라 고구려를 자기들 역사에 편입시키려고 하고, 일본은 일본 대로 역사 왜곡에 열심이지요. 우리 국민들이 분노할 수밖에 없습니다. 하지만 그럴수록 우리 스스로를 살펴야 합니다. 타인의 역사에 대해 객관적인 눈으로 보고 있는지 따져봐야 해요. 우리가 당당해야 남의 잘못을 비판할 수 있잖아요. 그런 의미에서 우리 역사 교육을 한번 살펴보고자 합니다.

우리는 교과서나 다양한 대중매체를 통해 세계 여러 나라를 접합니다. 그런데 여기에는 우리가 의식하지 못하는 편견들이 많이 숨어 있어요. 예컨대 여러분은 '아프리카' 하면 무엇이 떠오릅니까?

광활한 자연, 신기한 동물들, 헐벗고 굶주린 사람들…. 사람마다 다를 테지만 대략 비슷한 이미지가 떠오를 거예요.

인류학적으로 볼 때 아프리카는 인류의 고향입니다. 인류가 처음으로 지구상에 등장한 곳이지요. 오스트랄로피테쿠스 출현 이후 오늘날까지 인류가 번영할 수 있었던 것은 아프리카라는 축복받은 땅이 있었기 때문입니다. 하지만 교과서에는 이런 이야기가 안 나와요. 우리의 머릿속에는 무지, 원시, 야만, 미개, 이런 이미지들만이 있을 뿐입니다. 우리가 접하는 매체에서도 많은 영향을 받지요. 할리우드 영화가 대표적입니다. 최근에는 덜합니다만, 예전 영화에서 주인공은 늘 백인이었어요. 흑인들은 시종(侍從)이나 악당 역할을 합니다. 여러분 〈타잔〉이라는 영화를 아시나요? 예전에 유행했던 영화인데, 몇 차례 다시 만들어질 정도로 인기가 좋았지요. 아프리카 밀림을 배경으로 활약하는 주인공이 등장하는데, 이 사람이 백인입니다. 심지어 애인인 제인도 금발이에요. (웃음) 원주민은 '배경'일 뿐입니다. 철저하게 백인의 시각인 거예요. 우리도 여기에서 자유롭지 않지요.

이번엔 인도를 보겠습니다. 인도는 세계 문명의 발상지입니다. 이건 학교에서 배워서 잘 알고 있겠지요. 하지만 교과서에 나오지 않은 부분이 있습니다. 인도는 오랜 역사만큼 문명이 매우 발달한 나라였습니다. 풍족한 농작물과 고도로 발달한 문화, 이런 것들은 과거 유럽인들에게 선망의 대상이었습니다. 오늘날로 치면 최고 선진국이었지요. 척박한 토양의 유럽인들이 목숨을 걸고 인도를 찾은 이유가 고작 차나 후추 같은 향신료를 얻기 위해서였다면 믿을 수 있겠어요? 실제로 유럽인들은 인도로 가는 길을 확보하기 위해 치열한 경쟁을 벌였습니다. 콜럼버스도 그중 하나였지요. 근대에 들어 유럽의 강대국들이 인도를 두고 치열한 식민지 경쟁을 벌인 이유도 그만큼 인도의 부가 막대했기 때문이에요.

이러한 사실을 잘 알지 못하는 우리에게 인도는 그저 '불교의 발상지'입니다. 최근에는 'IT 강국', '신흥 시장' 정도로 이해되고 있지요. 남미, 혹은 동남아시아는 어떻습니까? 아마 그쪽에 어떤 나라가 있는지도 잘 모르는 사람들이 많을 거예요.

우리는 미국과 유럽 등을 제외한 나라들에 대해 잘 알지 못합니다. 솔직히 관심도 별로 없고요. 그만큼 서양 중심의 사고를 하고 있는 겁니다. 이슬람에 대한 시선도 마찬가지입니다. 서양인들이 가지는 편견을 고스란히 받아들이고 있어요. 유구한 문화와 역사적 전통을 자랑하던 이슬람은 우리에게 석유, 사막, 낙타의 나라이지요. 최근에는 '테러'와 동의어가 되어버렸습니다. 강자 중심의 역사 인식은 어제오늘의 일이 아닙니다. 그렇다면 대안은 없는 걸까요?

'빅히스토리 글로벌 교과서 프로젝트'라는 것이 있습니다. 인류가 함께 배우는 공통의 교과서를 만들자는 운동으로 '게이츠-멜린다' 재단이 지원하고 있다고 합니다. 엄청난 예산을 들인 대규모 프로젝트로 전 세계 200여 개 팀이 참여하고 있는데, 우리나라에서도 다양한 전문가로 이루어진 연구진이 빅히스토리 작업을 진행하고 있습니다. 이 프로젝트에는 큰 원칙이 하나 있습니다. "선도 악도 우월적 지배도 없다." 모두 동등하게 기술하라는 겁니다. 팀마다 국적과 관점이 다를 테니 자기들 유리하게 쓸 수 있잖아요. 그러지 말자는 거예요. 동서양을 막론하고 지역별로 동일한 비중으로 편견 없이 서술하자는 겁니다. 편제의 지침이 그겁니다. 그렇게 200개 팀에서 각자 만든 결과물은 재단이 추천한 전 세계 전문가들의 도움을 얻어 하나로 통합합니다. 이걸 유엔이나 유네스코 같은 국제기구의 승인을 받아 전 세계가 함께 배우자는 겁니다.

이 교과서는 139억 년 전 빅뱅(big bang)에서 시작합니다. 일반적인 세계사 교과서처럼 선사 시대가 아니라 우주의 생성에서 출발해요. 원시 우주에서 수천 개의 은하계가 만들어지고 태양계가 형성되고…. 이렇게 나갑니다. 인류는 한참 있다가 나와요. 그런 식으로 우주적인 시각에서 세계를 바라보는 겁니다. 한 나라, 한 지역이 아닌 범지구적인 차원에서 말이에요. 인류가 어떻게 시작되었고, 자연의 변화는 어떠했으며, 오늘날의 역사가 있기까지 어떤 일이 있었는지를 모두 배우는 겁니다. 어때요, 괜찮은 아이디어 같지요? 저는 이것이 인류 공동체라는 관점을 통해 서로 다름을 강조하는 차별의 문화를 극복하는 좋은 대안이라고 생각합니다.

'문화 상대주의'는 인류학의 기본입니다. 그것은 '이주'라는 인류의 본성에서 기인하기도 합니다. 우리가 인류학을 공부하다 보면 인간이야말로 한곳에 정주하지 않는 존재라는 것을 알게 됩니다. 아프리카 대륙에서 최초의 인류가 탄생했을 때 그들은 거기에 머물지 않습니다. 아프리카를 떠나 아시아, 유럽 등 세계 각지로 뻗어 나가지요. 이때부터 인간은 서로 다른 사람, 서로 다른 문화가 어떻게 공존할 것인가 하는 문제에 직면하게 됩니다.

이를 해결할 가장 좋은 방법은 '용광로' 모델입니다. 이질적인 것을 녹여 하나로 만드는 것이지요. 너나없이 하나가 되는 겁니다. 하지만 여기에는 위험이 따릅니다. 주도권을 누가 잡느냐에 따라 희생이 따를 수 있어요. 이상적이기는 합니다만 자기의 고유성을 버려야 하기 때문에, 현실에서 잘 이루어지지 않습니다. '모자이크' 모델도 가능합니다. 각각의 색깔을 유지하면서 커다란 그림을 그리는 방식이지요. 그런데 이 모델은 접착력이 약해요. 어느 시점이 지나면 떨어져 나가면서 통합력이 약해지고 결국 붕괴합니다. 다음이 '샐러드 볼' 모델이에요. 우리 식으로 하면 '비빔밥' 모델입니다. 서로 다른 재료를 한데 버무리는 거예요. 재료의 맛을 하나하나 살리면서 훌륭한 음식이 될 수 있습니다.

이 모델들은 조금씩 차이가 있기는 하지만 기본적으로 문화의 상대성을 인정한다는 점에서 같습니다. 문화에는 옳고 그름이 없습니다. 선악과 우열도 존재하지 않아요. 이런 관점으로 타자와 타자의 문화를 바라보아야 합니다.

세계의 4분의 1을 차지하는 이슬람

우리나라 사람들은 이주자에 대한 편견이 있습니다. 바로 '못사는 나라에서 돈 벌러 왔다'는 생각이에요. 이들의 경제적 역할과 관련이 깊은데요. 외국인 이주자들이 질 낮은 노동시장으로 유입되고 있기 때문입니다. 실제로 내국인이 꺼리는 저임금 장시간 노동 분야에 외국인 노동자의 비중이 크죠. 결혼 이주자들도 농업에 종사하거나 생계를 위해 임시직 현장에 뛰어드는 경우가 많습니다. 그러다 보니 사회적 지위가 낮습니다. 제대로 보호를 받지 못해요. 우리 사회의 소중한 인적 자원이라는 생각을 하지 못합니다.

여러분, 미국이라는 나라가 오늘날 어떻게 부자 나라가 되었는지 아시나요? 미국이야말로 전형적인 '이주자의 나라'입니다. 유럽에서 건너온 사람들이 세운 나라지요. 세계대전 때는 전쟁을 피해 각국에서 미국으로 몰려들었습니다. 그중엔 세계적인 예술가나 과학 기술자도 상당했지요. 이들은 미국의 부를 일구는 데 큰 역할을 합니다. 미국이 기회의 땅이 되자 사람들이 더욱 몰려듭니다. '아메리칸 드림'이라는 말이 이렇게 해서 생기지요. 그러나 미국의 자본주의가 급속도로 발전하면서 새로운 문제가 나타납니다. 주류 사회를 형성한 백인들이 기득권을 지키려고 인종차별을 한 거예요. 흑인들에게는 투표권도 주지 않습니다. 1960년대 들어서 흑인 민권운동, 반전운동 등 사회 운동이 거세지면서 지금은 많이 나아졌지만 여전히 차별이 있습니다. 최근에도 경찰의 무리한 진압으로 흑인을 죽이는 바람에 폭동이 일어났잖아요. 우리도 이런 전철을 밟게 되지는 않을까요?

제 경험을 하나 말씀드리죠. 제가 다니는 학교에서 외국인 교수를 한 분 초빙했습니다. 오스트레일리아 국적으로 연구 실적이 아주 좋은 분이었어요. 그런데 이분이 방글라데시 사람입니다. 국적만 오스트레일리아고, 외모는 동남아시아인입니다. 하얀 모자를 쓰고 턱수염을 길렀어요. 가끔 제 연구실에 놀러 와서 얘기를 나누는데, 자기는 좀처럼 교문 밖으로 안 나간대요. 캠퍼스에서는 학생들이 말을 잘 듣고, 존중해준답니다. 그래서 자기가 이방인이라는 생각이 전혀 안 든다고 해요. 그런데 교문 밖에만 나가면 상황이 달라진답니다. 시도 때도 없이 경찰이 손가락을 까딱거린대요. 이리 오라는 거죠. 그리곤 반말로 왜 왔느냐고 묻는답니다. 욕설도 다반사라고 해요. 참고로 우리 학교 주변이 공장 지대예요. 외국인 노동자들이 많이 거주합니다. 경찰에게는 동남아시아에서 온 외국인들은 일단 노동자로 보이겠죠. 상대가 교수라고 생각하기 어렵겠죠. 이 교수는 그럴 때마다 참담한 심정이라고 말합니다. 외국인 노동자는 그렇게 막 대해도 되느냐는 거예요. 못사는 나라에서 왔다고 막 대하는 건 인간적으로도 옳지 않습니다. 그렇다고 마냥 불쌍하게 여기는 건 괜찮을까요?

이주민은 사회적 약자이니 우리의 도움을 받아야 한다, 낯선 땅에서 얼마나 고생을 할까? 애들도 학교에서 놀림감이 될 게 뻔하다…. 우리는 보통 이렇게 생각합니다. 방송에서도 일부러 힘들게 사는 장면을 보여줍니다. 사회적 관심을 유도하고 그들을 배려하려는 의도는 알겠지만, 이것이 만들어내는 사회적 편견도 만만치 않습니다. 이주자들은 죄다 차별받고 불쌍할 거라는 고정관념이 생기는 거에요. 실제로 행복하게 사는 사람들 많아요. 돈은 많지 않아도 가정을 꾸리고 열심히 하루하루를 살아요. 힘든 건 이주자나 내국인이나 마찬가지입니다. '동정'도 차별입니다. 우리와 함께 슬퍼하고 또 기뻐하는 평범한 이웃으로 받아들일 수 있어야 합니다.

타자를 보는 우리의 편견 속에는 서구 중심의 사고가 깔려 있습니다. 이를 극복하려면 '문화적 상대주의'를 견지해야 한다는 말씀을 드리고 싶어요. 이제 본론으로 돌아가서 본격적으로 이슬람에 대해 이야기를 나눠보겠습니다.

여러분, 아랍어 인사말 들어보셨나요? "앗살라 말레이쿰" 이렇게 말해요. 그쪽 사람들은 하루에도 수십 번, 만날 때마다 "앗살라 말레이쿰" 합니다. 우리말로 하면 "알라의 평화가 당신에게 깃들기를" 이래요. 그런데 안타깝게도 현실은 그런 인사말과는 정반대입니다. 이슬람 국가들이 모여 있는 중동 지역은 오늘날 평화와 가장 거리가 먼 지역이에요. 역사를 돌아봐도 지난 5000여 년 동안 평화로웠던 때가 별로 없습니다. 지금도 분쟁이 끊이질 않지요. 어쩌면 평화롭게 살고 싶다는 소망을 인사말에 담았는지도 모릅니다. 하도 전쟁이 많다 보니 신의 이름으로라도 평화를 다짐하는 겁니다. 서로 끌어안고 볼을 비비면서 말이에요.

우리가 인사를 할 때 악수를 하잖아요. 인류학자들이 보면 이것도 일종의 '평화의 제스처'입니다. 악수할 때 마주하는 거리를 '접도 거리'라고 합니다. 칼로 상대를 칠 수 있는 거리예요. 빈손을 내밀어 악수를 청하면서 '나는 당신을 해칠 생각이 없다'는 뜻을 전하는 겁니다. 아랍 남자들은 허리에 단검을 차고 다니죠. 그래서 만나자마자 끌어안는 거예요. 접도 거리를 없애는 겁니다. 떨어질 때도 탁, 동시에 떨어집니다. 이에 비하면 악수는 여전히 긴장 관계를 유지하는 거예요. 언제든 내밀었던 손을 거둬 상대를 칠 수 있으니까요.

이야기를 계속해보죠. 현재 이슬람권 인구는 약 16억 명 정도입니다. 유엔에 가입한 이슬람 국가는 57개국이고요. 이슬람 인구가 밀집해 있는 곳은 잘 아시다시피 중동 지역입니다. 유럽과 거의 맞닿아 있는 북아프리카 모로코에서 아라비아 반도의 아랍에미리트에 이르기까지 대부분의 나라에서 이슬람교를 믿고 아랍어를 사용해요. 이 거리가 무려 3000킬로미터에 이릅니다. 신기하지 않습니까? 맞붙은 나라인 중국과 우리나라, 일본은 이렇게 말이 다른데 어떻게 그 먼 거리에 있는 나라들이 같은 말과 글을 쓸 수 있는 걸까요?

비밀은 바로 코란에 있습니다. 이들에게 코란은 생활입니다. 하루에 다섯 번씩 예배를 보면서 코란 구절을 외우지요. 코란은 1400년이 지난 지금까지 점 하나 획 하나 바뀌지 않고 내려오는 표준 아랍어 텍스트입니다. 우리나라로 치면 국어 교과서 역할을 하는 거지요.

두 번째는 〈알 자지라〉 방송입니다. 이름 들어보셨죠? 사하라 사막 한복판에서도 전파가 잡히는 글로벌 위성 채널이에요. 제주도 사시는 할머니도 서울말은 100퍼센트 알아들으시잖아요? 전국을 커버하는 방송에서 표준말을 쓰기 때문이에요. 아랍어는 유엔의 공용어이기도 합니다. 영어, 프랑스어, 스페인어, 중국어, 러시아어, 아랍어. 이렇게 여섯 개 언어를 국제기구인 유엔이 사용하고 있어요.

아랍어를 쓰지 않는 나라도 있습니다. 이란은 따로 자기들 언어가 있어요. 이들은 인종적으로는 코카서스계 백인에 속합니다. 언어학적으로는 인도 유럽어족에 해당하고요. 거의 유럽인이라고 봐야겠죠? 그래서 이란 사람 만나서 "아랍 사람인가요?" 이러면 싫어합니다. 그쪽 말로는 모멸감까지 느낀대요. 아랍과 엮이는 걸 끔찍하게 싫어합니다. 비즈니스를 하는 사람이라면 필수적으로 알고 있어야 할 상식입니다.

이슬람은 크게 두 개의 종파로 나뉩니다. 수니파와 시아파가 그것이지요. 수니파의 종주국은 사우디아라비아이고 이란은 시아파의 종주국입니다. 둘 사이가 좋을 리 없죠. 그래서 이란이 핵개발을 선언했을 때 제일 불편해했던 나라가 이스라엘과 사우디아라비아였습니다. 지금은 미국과의 협상을 통해 핵개발 포기를 선언했지만, 핵개발 당시에는 관계가 위태위태했습니다. 발끈한 이스라엘이 이란에 대한 군사 행동을 취하겠다고 협박했지요. 그런데 이스라엘이 이란을 공격하려면 사우디아라비아 영공을 통과해야 합니다. 우리 상식으로는 이슬람 국가인 사우디아라비아가 협력을 안 할 것 같지만, 그렇지 않았죠. 사우디아라비아 정부는 이스라엘과 협력하겠다고 공언합니다. 이스라엘 폭격기, 미사일 다 허용하겠다는 거예요.

같은 이슬람권이지만 자국어를 쓰는 나라가 또 있습니다. 바로 터기예요. 터키어는 우리말과 친척 관계에 있습니다. 알타이 계열 언어예요. 역사적, 문화적으로 우리와 가깝습니다. "우리 민족은 먼 옛날 중앙아시아와 만주 일원에서 코리안들과 이웃해서 한 민족 한 핏줄로 함께 살았다." 터키의 중학교 2학년 사회 교과서에 나오는 말입니다. 터기 사람들은 한국을 피를 나눈 형제의 나라로 생각해요. 한국 전쟁 때의 인연도 있지만, 기본적으로 유전적 친밀감 같은 것이 있습니다. 그래서 터키에 진출하는 한국 기업들이 성공합니다. 친밀감이 높기 때문이에요. 가까운 중국이나 일본 국민들도 그렇게는 안 합니다. 까다롭기 그지없죠. 오히려 견제 심리 때문에 우리나라 물건 안 사줍니다. 그런데 1만 킬로미터나 떨어진 이슬람 국가인 터키에서 한국 기업들이 승승장구합니다. 신기한 일이지요.

이스라엘도 자국어를 쓰죠. 워낙에 이질적인 문화와 역사를 가지고 있으니 따로 설명하지 않아도 되겠지요. 북아프리카에서 아라비아 반도에 이르는 거대한 지역이 이슬람 문화권으로 묶인다는 말씀을 드렸습니다.

중동 지역 다음으로 이슬람 인구가 많은 곳이 인도네시아입니다. 세계 최대의 이슬람 국가예요. 중국, 인도, 미국 다음으로 세계 4위의 인구 대국입니다. 인도의 주변 국가들, 파키스탄, 방글라데시아도 이슬람 인구가 많은데 잠깐 그 이유를 말씀드려보지요.

인도는 지금 힌두교 국가로 알려졌지만 원래부터 그랬던 것은 아닙니다. 힌두교가 주도권을 잡은 게 겨우 60년밖에 안 돼요. 영국으로부터 독립한 1947년 이후에야 힌두교도들이 정치의 중심에 들어서지요. 그전에는 500년 동안 이슬람 국가였습니다. 인도의 유명한 건축물인 타지마할이 이 시기의 대표적인 건물이지요. 그러다 식민지에서 독립하면서 갑자기 힌두교에 밀립니다. 그러자 이슬람 인구가 북쪽으로 옮겨갑니다. 바로 지금의 파키스탄, 방글라데시이지요. 파키스탄은 인구가 1억 9000만 명, 방글라데시는 1억 6000만 명이 넘어요. 물론 인도에 그대로 남은 사람들도 있었습니다. 대략 인도의 12억 인구 중에서 1억 7000~1억 8000만 명 정도가 이슬람교를 믿는다고 해요. 이 사람들은 인도의 상권을 장악하고 있습니다. 지리적으로 걸프만과 가깝습니다. 일일생활권이다 보니 그들과 거래하면서 상권을 넓혀가고 있어요.

2014년 기준으로 전 세계 모슬렘(이슬람교도)은 약 16억 명으로 세계 인구의 23퍼센트를 차지합니다.* 유럽에만 4400만 명 정도가 살고 있고 미국이 800만 명 정도 됩니다. 이슬람 사원인 모스크가 미국에만 약 3186개쯤 있어요. 전 세계 어디 한 군데 빠지는 곳이 없습니다. 그만큼 이슬람의 영향력이 막강하다고 할 수 있고요.

세계에서 이슬람 세력이 가장 약한 나라가 한국과 브라질입니다. 지리적으로 멀기 때문이에요. 이슬람 성지인 메카에서 동쪽 끝에 있는 나라가 한국이고 그 반대편 끝이 브라질입니다. 전 세계 역사와 문화에 큰 영향을 끼친 이슬람 세계와 접촉할 기회가 상대적으로 적었기 때문입니다.

1, 2차 세계대전 이후에 전 세계에서 식민지 국가들이 독립합니다. 그전에 없던 나라가 생겨나기도 했죠. 지금은 유엔 회원국만 193개가 되고요. FIFA(국제축구연맹) 회원국은 이보다 많은 209개국입니다. 이들 중에 식민 통치를 받지 않은 나라가 얼마 없어요. FIFA 회원국만 해도 20개 나라 정도만 식민지 경험이 없습니다. 이 나라들은 식민지 통치를 했던 나라들이죠. 나머지 190개국은 죄다 식민지를 겪었어요. 서구와 좋은 감정이 있을 리 없죠. 딱 한

* 미국 퓨리서치센터의 연구 프로젝트인 퓨(PEW) 포럼이 2011년 1월 발표한 〈세계 모슬렘 인구의 미래〉 보고서 통계.

군데, 우리나라만 서구의 식민 통치를 받지 않았습니다. 대신 일제 강점기를 거치지요. 그래서 우리가 일본을 그렇게 욕하면서도 서구와는 악감정이 없습니다. 오히려 동경의 대상이지요. 우리 안에 서구인의 시각이 내면화된 이유입니다.

분쟁 지역으로서의 이슬람

국제적으로 이슬람 지역은 강대국들의 각축장이었습니다. 짐작하시겠지만 '석유' 때문이에요. 구소련과 미국이 힘겨루기하던 냉전 때도 마찬가지였습니다. 당시 세계 에너지는 걸프 해와 카스피 해 두 군데에서 생산되는 석유에 의존하고 있었습니다.

구소련이 카스피 해의 유전을 장악하고 미국은 걸프 해의 유전을 장악했지요. 그러다 1991년 말 구소련이 무너지지요. 무주공산이 된 카스피 해를 차지하기 위해 미국이 나섰습니다. 카스피 해 왼쪽에 있는 아제르바이잔에 군사 기지를 가동하고 오른쪽에 있는 투르크메니스탄에도 미군이 들어갑니다. 그렇게 카스피 해의 유전 지역을 손안에 넣는 듯했지요. 그런데 세계에서 유일하게 걸프 해와 카스피 해 양쪽에 땅을 가진 나라가 있습니다. 바로 이란이에요. 카스피 해 남쪽과 걸프 해 북쪽 지역이 모두 이란 땅입니다. 미국 입장에서는 난감한 일이에요. 이란은 가장 강력한 반미국가입니다. 1979년 호메이니가 이슬람 혁명을 통해 팔레비 왕조를 무너뜨리고 정권을 잡은 후 지금까지, 강력한 경제 제재에도 불구하고 미국과 싸운 나라가 바로 이란입니다. 소련이 사라진 자리를 차지하고, 전 세계 에너지의 중심을 장악해 유일 강대국으로 서고자 했던 미국으로선 난제를 만난 거예요.

고민 끝에 미국은 우회로를 택합니다. 카스피 해의 석유를 육로로 옮기려면 이라크와 아프가니스탄을 반드시 지나야 합니다. 이상하죠? 하필이면 미국이 대테러 전쟁을 벌인 나라가 바로 이라크와 아프가니스탄이잖아요? 전문가들은 '대테러 전쟁'이 사실상 9·11테러와 아무 상관이 없다는 것을 알고 있습니다. 테러가 아니었어도 어떤 명분으로든 이라크와 아프가니스탄에 개입했을 거로 봐요. 그런데 잘 안 됐죠. 이라크에서는 미군이 철군을 했고 아프가니스탄은 추진 중입니다.

여기서 우리가 눈여겨보아야 할 것이 최근 미국과 이란 사이에 타결된 핵협상입니다. 미국이 이라크와 아프가니스탄을 버리고 다시 이란으로 온 거예요. 미국과 이란이 저렇게 극적으로 관계를 개선하리라고 예측한 사람은 아무도 없었습니다. 세계 최대의 에너지 소비국인 미국 입장에서 보면 마지막 카드인 셈이에요. 우리나라 기업들도 이란 진출을 모색하고 있다는 이야기가 언론을 통해서 들려오는데요, 앞으로 어떤 변화가 있을지 지켜보아야 할 듯합니다.

이슬람 지역의 분쟁을 말할 때 빠지지 않는 게 또 있지요. 바로 팔레스타인과 이스라엘 문제입니다. 다양한 시각이 존재하겠지만, 저는 이것 역시 보편적 가치 기준으로 바라보아야 한다고 생각합니다. 영어로 "universal values"라고 표현할 수 있겠는데요, 시공간을 넘어 인류가 가지는 보편적인 가치랄까, 최소한의 양심이라고 보면 되겠습니다. 예컨대 '사랑', '정의' 이런 가치들이 있겠지요. 상식이 있는 사람이라면 여기에 이의를 제기할 사람은 없어요. 물론 국제 분쟁에 강대국의 이해관계가 관철되는 것이 현실입니다만, 최소한의 장치랄까 합의는 있다고 생각합니다. 세계인권선언이라든가, 유엔 안보리 결의안이라든지 국제사법재판소의 최종 판결 같은 것을 참고할 수 있습니다. 그런 기준으로 팔레스타인-이스라엘 문제를 살펴보도록 하지요.

1948년 5월 14일 유엔의 결의에 의해 국가로 인정받은 이스라엘은 그 후 무력으로 팔레스타인 땅을 점령합니다. 유엔은 수차례 불법적인 점령을 철회하라고 권고했으나 무시되었지요. 이스라엘은 국제사회의 눈치를 보지 않는 유일한 국가입니다. 예컨대 252개의 핵탄두를 가지고 있으면서도 핵확산금지 조약(NPT)에 가입도 안 되어 있을뿐더러 국제원자력기구(IAEA)의 사찰도 받지 않습니다. 이란이나 북한에 비하면 파격적인 대우지요.

이스라엘은 팔레스타인 마을을 고립시키고 곳곳에 장벽을 세우고 검문소를 설치했습니다. 그래서 팔레스타인 사람들은 바로 옆

마을로 갈 때도 한참을 돌아가야 하고 몇 시간씩 검문소에서 줄을 서야 하죠. 검문소를 통과하려면 발가벗기는 건 기본이고 입속, 항문까지 조사당하는 모욕을 감수해야 해요. 내가 내 나라 땅을 가는데, 가족과 형제를 만나는 것뿐인데, 일상적인 출퇴근일 뿐인데, 이런 폭력을 당해야 하는 겁니다. 21세기에 그런 일들이 버젓이 벌어지고 있다는 사실이 놀라울 뿐입니다.

지금 팔레스타인의 물과 전기의 78퍼센트를 이스라엘이 통제합니다. 말을 안 들으면 끊어버립니다. 지중해와 접하고 있지만 바다로도 못 나갑니다. 이스라엘의 해상 봉쇄령 때문이에요. 팔레스타인으로선 저항은 꿈도 못 꿀 상황이에요. 가끔 팔레스타인이 이스라엘을 보복 공격했다고 나오죠? 이스라엘의 최첨단 무기에 의한 대량 학살에 비할 바가 아닙니다. 이스라엘은 로켓포 공격 한 번 받았다고 민간인 주거지에 미사일을 퍼붓습니다. 팔레스타인 사람들은 이기기 위해 싸우는 게 아닙니다. 그렇게라도 저항하지 않으면 국제사회에서 잊힐까 두려운 거예요.

보다 못한 유엔이 또 한 번 나섰습니다. 1973년 유엔 안보리 결의안 338조에 의해서 이스라엘이 점령지로부터 완전히 철수하고 영토를 반환하라고 압력을 가했죠. 지금까지 유엔 안보리에서 팔레스타인의 원상 복구를 촉구하는 만장일치 결의안이 12개가 통과됐습니다. 하지만 아무것도 변하지 않았죠. 다른 적대국들에 대해서는 엄혹하던 미국과 서구 사회는 눈을 감았습니다. 2007년도에는 헤이그에 있는 국제사법재판소에서 최종 판결을 통해 이스라엘이 팔레스타인에 설치한 분리 장벽을 헐라고 명령했습니다. 명백한 국제법 위반이라고 판시했어요. 그래도 이스라엘은 꿈쩍 안 합니다. 그러면서 마치 팔레스타인의 테러가 문제인 것처럼 본질을 호도하지요. 국제기구의 결정을 묵살하고 불법적인 침략을 감행하는 나라에는 말 한마디도 못 하면서, 여기에 저항하는 사람들을 테러리스트로 낙인찍는 것이 과연 인류의 보편적 가치 기준에 맞는 일일까요?

'테러'라는 말 속에는 강대국의 시각이 녹아 있습니다. 예컨대 세계 곳곳에서 자행되는 자살 테러로 희생된 사람과 불법적인 국가 테러로 숨진 사람 중 어느 쪽이 더 많을까요? 국가 테러에 의해서 희생되는 민간인의 숫자가 무려 9.5배에 달합니다. 어느 테러가 더 낫다고 말하고자 하는 것이 아닙니다. 생명은 모두 소중합니다. 한 사람, 한 사람 생명은 그 무엇과 비교할 수 없습니다. 그런데 우리는 자살 테러로 죽은 사람들의 희생을 안타까워하면서도 이스라엘이 팔레스타인에서 자행하고 있는 노골적인 국가 테러는 보지 못합니다. 국제 사회의 분쟁에는 강자의 논리가 관철되고 있기 때문이에요.

그렇다면 이스라엘은 왜 저토록 비인간적인 탄압을 계속하고 있는 걸까요? 역사적 연원을 살펴보면 증오와 복수의 역사가 깔렸음을 알 수 있습니다. 잘 아시다시피, 이스라엘은 역사적으로 이슬람과 대립적 관계입니다. 그러나 늘 그랬던 건 아니에요. 이스라엘 건국 70년 동안 수차례 주변 이슬람 국가와 전쟁을 벌였지만, 이전에 이스라엘 민족은 평화롭게 주변국들과 공전해왔습니다. 역사적으로 살펴보죠.

유대 왕국은 기원후 70년 로마에 의해 멸망합니다. 이스라엘 민족 일부는 유럽으로 끌려가서 노예로 살아가지요. 우리가 '디아스포라'라고 말하는 것입니다. 나머지 이스라엘 민족은 1948년 건국 때까지 무려 1900여 년 동안 아랍인들과 함께 살아갑니다. 역사적으로 공존과 상생의 모델이 될 정도로 잘 지내요. 그런데 어쩌다 이토록 잔인한 나라가 되었을까요?

1948년 유엔은 중동의 심장부인 팔레스타인 지역에 유대 국가를 승인합니다. 원래 그곳엔 4만 8000명의 정도의 유대인이 살았어요. 아랍인들은 100만 명 가까이 되었지요. 이스라엘이 건국되자 세계 곳곳에서 60만 명의 유대인들이 모여듭니다. 1920년대 5만 명이 안 되던 유대인들이 한 세대 동안에 15배 가까이 늘어납니다. 그런데 땅이 좁잖아요. 인구는 늘고 땅은 좁고 자원은 한정되어 있습니다. 전쟁이 일어났죠. 미국을 위시해 중동에 자신들의 영향력을 키우고 싶었던 서구의 도움으로 이스라엘은 주변 아랍국들을 무력으로 제압합니다. 이스라엘은 이 전쟁에서 승리하고 난 후 유엔에서 승인받은 지역보다 50퍼센트나 더 많은 지역을 점령합니다. 문제는 그 과정에서 생긴 팔레스타인 난민이에요. 멀쩡하게 잘 살던 사람들이 느닷없이 침략을 받고 쫓겨나게 되자 저항을 하게 됩니다. 처음엔 이스라엘이라는 국가를 인정하지 않고 끝까지 싸우겠다고 했다가 지금은 무력이 아닌 평화적인 방식으로 해결하고자 합니다. 즉, 이스라엘의 영토를 인정하고 공생하겠다는 거지요.

팔레스타인 무장 투쟁 세력은 1993년 오슬로 평화 협상을 통해 공존을 선택합니다. 그해 협정의 주역인 팔레스타인의 야세르 아라파트와 라빈 이스라엘 수상은 노벨 평화상을 받아요. 전 세계가 평화적인 양국의 선택을 지지했습니다. 그러다 이스라엘에 우파 강성 정권이 들어섭니다. 평화협정은 휴지 조각이 되어버리지요. 그런 상황이 지금까지 이어진 것입니다. 그동안 이스라엘은 발전을 거듭해서 1인당 GDP가 2만 달러를 훌쩍 넘깁니다. 그리고 계속 팔레스타인 땅을 침공해서 자기들 영토를 넓혀갑니다. 유엔이 아무리 국제법 위반이라고 해도 소용이 없어요. 이게 팔레스타인-이스라엘 분쟁의 본질입니다. 강력한 핵무기를 개발하고 미국의 비호 아래 팔레스타인 땅을 실효적으로 지배하고 있는 상황이에요. 국제 사회도 어찌해볼 도리가 없는 겁니다.

유엔 총회에서 이스라엘 편을 드는 나라는 딱 두 나라입니다. 미국과 이스라엘. 미국은 중요 사안에 대한 의결권을 가지는 안전보장이사회 상임 이사국이에요. 미국이 반대하면 어떠한 조치도 취할 수 없습니다. 한국은 가끔 기권했다가 이스라엘 쪽에 기울었다가 합니다. 적극적으로 팔레스타인 편을 못 들어요.

최근에 제가 요르단에 다녀왔습니다. 외교부 장관을 모시고 팔레스타인 난민 캠프를 방문했어요. 격려금도 전달하고 저녁 만찬 때는 장관이 연설도 했습니다. "인간의 존엄이 바탕이 되고 이런 가치를 단단하게 뿌리를 내리지 않는 외교는 지속 가능성이 없고 의미가 덜 할 수 있다"는 이야기를 했습니다. 연설문에는 '인간 존엄'(human dignity)이라는 단어가 무려 네 번이나 등장했습니다. 외교적인 수사가 아닌 진심 어린 위로였어요. 저는 한국 외교에서 상당한 진전이라고 생각했습니다. 우리가 이해관계만 좇다가 비로소 인권 외교를 한 거잖아요.

이슬람은 세계적으로 널리 퍼진 종교입니다. 종교이자 문화이고 삶의 방식이기도 하지요. 하지만 우리는 그들에 대해 아는 것이 별로 없습니다. 고정관념과 편견이 많지요. 이는 개인 차원에서 머물지 않습니다. 전 세계가 하나로 연결된 오늘날 이것은 국가적으로도 재고해야 할 일입니다.

여러분, 이란에서 드라마 〈대장금〉이 방영됐다는 걸 알고 계시나요? 놀랍게도 6개월간 평균 시청률이 90퍼센트에 이릅니다. 그들은 한국을 좋아합니다. 우리 드라마를 좋아하고 우리가 만든 제품을 신뢰하지요. 그렇다면 우리는 어떻습니까? 이슬람 하면 석유, 테러, 종교적 근본주의, 이런 것들만 떠올리고 있지는 않은가요? 이제는 우리도 고정관념에서 벗어나 좀 더 그들을 이해하고

그들은 한국을 좋아합니다.
우리 드라마를 좋아하고 우리가 만든 제품을
신뢰하지요. 그렇다면 우리는 어떻습니까?
이슬람 하면 석유, 테러, 종교적 근본주의,
이런 것들만 떠올리고 있지는 않은가요?

가까이 가려고 노력해야 합니다.

그동안 한국은 미국 중심의 외교를 해왔어요. 그래서 미국과 친한 나라와 친하고 미국과 관계가 좋지 않으면 우리와도 서먹서먹했습니다. 저는 한미 동맹이 국가 안보를 위해 필요하다는 생각에 동의합니다. 국제 관계란 때로 비정해서 자국의 이익을 우선해야 한다는 사실도 인정해요. 그러나 바로 그렇기에 이슬람 세계에 대한 이해가 필요합니다.

잘 아시다시피, 세계 최대의 산유국인 사우디아라비아를 비롯한 이란, 이라크, 쿠웨이트, 아랍에미리트, 리비아 등 10위권 안에 있는 쟁쟁한 산유국들이 모두 이슬람 국가입니다. 한국의 해외 에너지 의존율은 90퍼센트가 넘고 그중 40퍼센트 정도가 석유입니다. 우리의 전략 산업인 건설 플랜트의 중동 시장은 어마어마하고요. 이런 상황에서 우리가 왜 그들을 외면해야 합니까? 서구인들이 이슬람을 싫어한다고 해서 우리도 그럴 필요가 없다는 겁니다.

유럽과 이슬람의 오랜 악연

그럼, 이제 서구인들이 왜 그토록 이슬람을 싫어하는지, 왜 지금껏 오랫동안 전쟁이 끊이지 않는지 그 이유를 한번 알아보겠습니다. 이슬람과 유럽의 대립은 역사적 연원이 매우 깊습니다. 대표적인 게 이슬람제국과의 충돌이지요. 과거 이슬람은 아프리카 북부에서 유럽, 중앙아시아에 이르는 거대한 제국을 건설합니다. 이슬람제국의 군대가 지브롤터 해협을 건너서 이베리아 반도에 진출하는 게 711년입니다. 스페인을 식민지로 삼지요. 732년에는 유럽의 심장인 프랑스 파리 근처 푸아티에(Poitiers)까지 진출합니다. 당시 프랑코 왕국의 궁재(宮宰) 카를 마르텔이 이를 가까스로 막습니다. 이후 800년 동안 이 전선이 유지됩니다. 지금도 카를 마르텔은 이슬람제국으로부터 유럽을 지킨 영웅으로 추앙받고 있어요.

'유럽의 수난'은 여기서 끝나지 않습니다. 바로 지금의 터키 지역을 중심으로 한 오스만제국의 등장이에요. 이들에 의해 당시 동로마제국의 수도였던 콘스탄티노플이 1453년 함락됩니다. 동로마를 멸망시킨 오스만제국은 파죽지세로 발칸반도를 넘어갑니다. 1683년에는 당시 유럽 최강국이었던 오스트리아의 중심부인 빈을 공격합니다. 빈은 공고한 성벽 덕분에 수차례의 공격에서 살아남았습니다만, 그 후로도 유럽은 언제 또 침략당할지 모른다는 공포 속에서 살아갑니다.

여러분, 한번 상상을 해보세요. 거의 1000년 가까운 시간 동안 유럽은 강력한 제국의 침략을 받으며 노심초사 숨죽이며 지냈습니다. 이슬람 포비아(phobia, 공포증)란 말이 생길 만하지요? 하지만 역사에 영원한 승자는 없지요. 세월이 흐르고 전세(戰勢)는 역전됩니다.

1798년 나폴레옹 군대가 이집트를 정벌합니다. 그 후 200여 년 동안 이슬람은 서구의 지배를 받습니다. 인도네시아는 네덜란드 지배를 받고, 필리핀 남부 이슬람 지역은 스페인의 지배를 받습니다. 당시 이슬람 국가였던 인도, 스리랑카, 말레이시아는 영국의 지배를 받고, 아프가니스탄은 영국과 러시아가 분할 지배합니다. 북아프리카 지역은 프랑스가 차지하고 중동 지역은 영국과 프랑스가 분할 지배하지요. 이들은 세계대전이 종료되고서야 개별 국가로 쪼개져 독립합니다. 어떻습니까, 역사를 알고 나니 두 문화권이 왜 그렇게 앙숙처럼 싸워대는지 이해가 조금 가지요?

우리는 이러한 역사적 배경을 이해하고 제삼자로서 균형감각을 가지면 됩니다. 누구를 편들 일이 아니에요. 서구가 가진 오래된 역사적 트라우마, 혹은 근대 이후에 이슬람 국가들이 겪었던 식민지 경험을 우리가 동일시할 이유가 없어요. 여러 나라와 사이좋게 지내는 게 좋습니다.

이슬람 국가들은 다양한 성장 잠재력이 있습니다. 사우디아라비아가 세계적인 밀 수출국이라는 사실을 아시나요? 무려 1년에 3모작을 합니다. 2020년에는 세계 2위의 밀 수출국이 되겠다는 목표를 세우고 있어요. 석유가 동나면 망할 거로 생각하는 것은 큰 오산입니다. 아랍에미리트의 두바이에는 세계 최대의 실내 스키장이 있습니다. 바깥 온도가 50도가 넘는데 안에서는 스키를 즐깁니다. 사막 한복판에 스키장을 지어서 유럽 스키어들을 데려다가 장사를 하겠다는 거예요. 그런데 이런 건 뉴스에 잘 안 나오죠. 주로 석유 생산량이 어쩌고 하거나 테러가 발생했다거나 이런 거만 자꾸 보입니다. 왜일까요? 바로 그것이 서구인들의 관심 사항이기 때문이에요. 우리가 듣고 보는 외신들은 모두 서구의 언론사를 통해 들어옵니다. 객관적으로 이슬람 세계를 바라볼 채널이 없는 거예요. 이미 미국, 유럽 중심의 사고를 가진 우리로선 그게 고정관념인지조차 알 길이 없습니다. 바람직한 일이 결코 아니에요.

예컨대 이슬람 국가와 비즈니스를 할 때, 고정관념이 큰 장애가 될 수 있습니다. 우리 기업이 그쪽 시장에 진출하려고 다국적 기업과 컨소시엄을 맺는다고 칩시다. 한쪽은 유대 자본이고 다른 한쪽은 아니에요. 우리는 무슨 상관이냐 싶어서 조건 좋은 유대 자본과 결합합니다. 그런데 이슬람 사람들이 그 사실을 알고도 우리와 거래를 할까요? 그럼에도 대기업들조차 이런 데 관심이 없어요. 제가 설명하고 나서야 잘 몰랐다며 고개를 끄덕입니다. 앞서도 말씀드렸지만, 모슬렘은 세계 인구의 4분의 1을 차지합니다. 그들은 우리의 이웃이에요.

문화에는 옳고 그름이 없습니다. 차이가 있을 뿐이지요. 그들이 차도르를 두르고 다니는 걸 우리가 이해 못 하듯이, 맨살을 드러내며 수영장을 돌아다니는 우리를 그들도 이해 못 합니다. 그런 상황에서 어느 한 쪽의 문화를 강요하는 게 타당할까요? 서로를 인정해야 합니다. 균형감각을 가지고 객관적으로 바라보아야 해요. 그런 균형 잡힌 시각은 우리에게 이익으로 돌아옵니다.

예컨대 어느 사업가가 차도르를 온몸에 휘감고 수영하는 여자들을 보았다고 칩시다. 누군가는 미개하다고 생각할 수 있어요. 하지만 균형 감각을 가지면 달리 보입니다. 가만히 보니까 여자들이 두른 스카프나 안경이 대단한 명품입니다. 부유한 나라에서 온 손님들인 거지요. 이 사업가는 여기서 아이디어를 냅니다. 방수 차도르를 만들어 팔면 어떨까? 하고 말입니다. 실제로 지금 모슬렘들이 입는 방수 차도르 70퍼센트가 한국산이에요. 누군가 이미 그런 생각을 했던 거지요. 편견을 깨면 새로운 기회가 생깁니다. 편견을 깨는 데는 역사 공부가 최선입니다. 그런 의미에서 간략하게 이슬람의 역사를 훑어보겠습니다.

'세계사'에서 빠진 이슬람 역사

세계 4대 문명 발상지 중 세 곳은 중동 지역에 있습니다. 이집트, 메소포타미아, 인더스가 바로 그곳이지요. 인더스는 인도에 있다고 생각하시는 분이 있겠지만, 인더스 강의 물 한 방울도 인도로 흘러가지 않습니다. 지금의 파키스탄 지역으로 흐르죠. 예전에 이집트와 메소포타미아, 인더스는 인접한 하나의 문화권이었습니다. 현대 고고학에서는 이 세 문명권 사이에 광범위한 문화적

교류가 있었다고 보는 것이 정설입니다. 그리고 유대교, 기독교, 이슬람교 등 오늘날까지 인류의 삶에 지대한 영향을 끼친 많은 종교들이 이 지역에서 생겨납니다. 어찌 보면 인류 문명의 한 뿌리라고 할 수 있어요.

유럽 문명의 시발점이라고 하는 그리스는 크레타에서 출발합니다*. 크레타는 남쪽으로부터 이집트, 동쪽으로부터 오리엔트 문명의 영향을 받아서 생긴 해양 문명이에요. 해상 무역으로 발전을 거듭하던 크레타는 불행하게도 자연재해로 멸망합니다. 크레타 섬에서 북쪽으로 100킬로미터 떨어진 산토리니 섬에서 화산이 폭발하고 엄청난 양의 화산재와 쓰나미가 몰려옵니다. 인류 역사상 최고의 재앙이 발생한 거예요. 학자들은 전설의 대륙 아틀란티스가 가라앉은 것도 이 시기로 봅니다. 크레타가 멸망하자 문명의 무게 중심이 그리스 남부로 옮겨지면서 미케네 문명이 싹틉니다. 그리고 이것이 기원전 5, 6세기가 되면서 고대 그리스 문명으로 이어지지요. 파르테논 신전, 소크라테스 철학, 페리클레스의 완벽한 인체 구조, 아름다운 그리스 도자기, 이런 것들이 다 이 시기에 만들어집니다. 이 문명을 로마가 이어받고, 로마가 게르만에 멸망하면서 중세 암흑기가 펼쳐집니다. 천 년의 암흑기를 거쳐 르네상스가 도래하고 대항해 시대가 열리지요. 인간 중심의 사고가 생기면서 종

* 기원전 3650~기원전 1170년 크레타 섬에 있었던 청동기 시대의 고대 문명을 말한다. 미노아 문명이라고도 한다.

교개혁이 일어나고 계몽주의를 거쳐 산업혁명이 일어납니다. 19세기 과학의 시기를 거치고 세계대전이 일어나지요. 그렇게 오늘의 유럽이 탄생합니다. 이것이 우리가 교과서에서 배운 세계사이지요. 하지만 여기에는 이슬람 문명이 빠져 있습니다.

그리스 시대엔 페르시아가 있었고, 로마시대엔 파르티아(Parthia)*가 있었습니다. 동로마제국 시대에는 사산조 페르시아와 아바스제국, 합스부르크 가가 유럽을 지배할 때는 오스만제국이 있었습니다. 이들은 당시 매우 강력한 국가를 형성하고 있었어요.

고대 그리스와 페르시아 중 어느 나라가 강했을까요? 비교 자체가 불가능할 정도로 페르시아의 군사력은 막강했습니다. 몇 차례 페르시아의 공격이 있었지만 그중에서도 유명한 게 크세르크세스 왕의 그리스 정벌입니다. 이를 다룬 〈300〉(2007년)이라는 영화가 흥행에 성공했었죠.

기원전 480년 페르시아의 크세르크세스 왕은 군대를 이끌고 아테네를 공격합니다. 학자들은 그 규모가 대략 30만 명 정도 된다고 보고 있어요. 이 엄청난 군사를 이끌고 무려 2200킬로미터를 이동한 다음 부교를 만들어서 헬레스폰트 해협을 건넙니다. 세계 최초의 제국으로 로마제국의 전형이 된 페르시아제국은 다리우스 대제와 그의 아들 크세르크세스 대제 때 전성기를 맞았는데, 인구

* 기원전 247년 이란계 유목민이 카스피 해 동남쪽에 세운 국가.

3500만 명 정도로 전 세계 인구의 44퍼센트 정도를 품어 안은 대제국이었습니다. 당시 그리스 도시국가 규모는 대략 인구 2000명 수준이었어요. 아테네가 가장 번성할 때도 2만 정도였다고 하니 상대가 안 되죠. 크세르크세스의 대군은 거침없이 밀고 들어갑니다. 아티카, 아테네 등을 차례로 정복하지요. 그러나 살라미스 해전에서 크게 패하면서 전세가 바뀝니다. 이 전투로 후퇴를 거듭하다가 이듬해인 기원전 479년 그리스 남부 플라타이아에서 그리스 연합군에게 패배하면서 퇴각하지요.

서구인들은 이 전투를 굉장히 상징적으로 받아들여요. 도시국가의 연합체인 작은 나라 그리스가 거대한 페르시아제국을 상대로 승리를 얻어냈다는 거죠. '마라톤'의 유래도 여기에서 비롯합니다. 크세르크세스가 그리스 정벌에 나서기 몇 년 전 그의 아버지인 다리우스 왕이 먼저 아테네를 침공하지요. 그때 마라톤 언덕에서 크게 패합니다. 아테네 병사가 승전보를 알리고자 42.195킬로미터를 달려간 것이 마라톤의 기원이라고 하잖아요. 오늘날 마라톤은 근대 올림픽의 주요 종목이고요. 그런데 이 종목을 빼달라고 해마다 이란 올림픽위원회가 청원을 해요. 이란이 어디입니까? 페르시아제국의 후예들이잖아요. 올림픽 정신에 위배된다는 겁니다. 민족과 계층을 초월해서 온 인류가 즐기는 우애와 평화의 제전에서 전쟁에서 비롯한 스포츠인 마라톤을 채택해서야 되겠느냐는 겁니다. 일면 설득력이 있지요?

로마 시대에는 파르티아가 있었습니다. 지금의 이란을 중심으로 번성했던 제국인데요. 그 역사가 무려 500년에 이릅니다. 인류 역사상 500년 이상 계속된 제국이 얼마 없어요. 그동안 로마는 단 한 번도 파르티아를 이기지 못했습니다. 그 막강한 로마제국도 어쩔 수가 없었던 겁니다. 로마 역사에 보면 기원전 59년경 크라수스와 폼페이우스, 카이사르가 일차 삼두정치를 합니다. 세 사람이 로마 제국을 쥐락펴락하던 시기지요. 그러다 몇 년 후 크라수스가 동방 원정의 책임자로 나서 파르티아를 공격합니다. 전쟁은 로마의 패배로 끝나고 크라수스는 전사하죠. 이것은 일차 삼두정치가 끝나는 원인이 됩니다. 옥타비아누스와 경쟁하던 안토니우스도 파르티아와의 전쟁에서 패퇴당합니다. 그 이후로 500년 동안 로마는 유프라테스 강을 경계로 그 너머에 있는 파르티아를 공격하지 않는 것이 불문율이 됩니다. 비옥한 오리엔트를 포기하고 지중해 서쪽으로 식민지를 확장하지요. 파르티아도 관심을 오른쪽으로 돌립니다. 바로 중국이지요. 중국과 활발한 교역 활동을 펍니다. 중국의 비단은 로마에 팔고 로마의 주화와 유리 제품들을 중국에 팔면서 큰 부를 모읍니다. 이런 물적 기반을 가지고 500년 제국을 유지해 간 것입니다. 중국 역사서에도 파르티아에 대한 기록이 나와요.

그런데 이런 부분을 우리가 알지 못합니다. 우리가 아는 '세계사'는 서구 중심의 반쪽짜리예요. 이걸 어려서부터 달달 외웠으니 당연히 세계를 보는 우리의 눈도 좁을 수밖에요.

1960~70년대에 경주 고분에서 수많은 로마형 유리 제품이 발굴됩니다. 무려 23점이나 나왔어요. 이게 어디서 왔을까? 많은 학자들이 궁금해했습니다. 1980년대 초까지만 해도 신라 장인들이 만들었다는 설이 유력했습니다. 모양은 로마식이지만 만든 건 신라인이라는 거예요. 그들이 보기에 1500년 전에 멀리 로마에서 물건이 건너오기란 불가능했습니다. 그러나 과학적인 연구 조사가 진행되면서 새로운 사실이 밝혀져요. 요즘은 성분 검사만 해도 만들어진 시기는 물론, 만든 사람의 인적 사항까지 추정 가능합니다. 그 결과 신라 고분에서 출토된 유리 제품들은 100퍼센트 직수입품이라는 게 과학적으로 입증되지요. 사람들이 깜짝 놀랍니다. 무려 1500~1600년 전에 그 먼 곳까지 교류가 가능했으리라곤 짐작도 못 했던 거예요. 그들의 머릿속에는 로마나 중국, 신라만 있지, 파르티아가 없었기 때문입니다. 중국까지 왔던 파르티아의 로마 제품들이 신라까지 오지 못할 이유가 있나요?

여러분, 알렉산드로스(BC 356~323) 아시죠? 서구인들이 자랑스러워하는 인물입니다. 그리스에서 시작해서 페르시아, 이집트까지 정벌한 사람이니까요. 우리 역시 대제국을 건설한 위인으로 알고 있습니다. 하지만 제 생각에는 과대평가되어 있어요. 굳이 우리 교과서에서 가르칠 정도가 아니라는 겁니다. 그런 말을 하면 세계사를 가르치는 학자들이 펄펄 뜁니다. 그렇게 중요한 인물을 어떻게 뺄 수 있느냐고 말이죠. 역사적 사실을 살펴보면 제 말뜻을 이해하실 겁니다.

알렉산드로스는 원래 그리스 북쪽 마케도니아라는 변방 국가를 지배하고 있었습니다. 당시 그리스와 페르시아는 잇따른 전쟁으로 힘이 빠져 있을 때였고요. 그 틈에 알렉산드로스는 그리스와 페르시아를 무너뜨리고 인더스 강까지 치고 들어갑니다. 그때 나이가 스무 살이었어요. 그러다 서른세 살 때 바빌론에서 죽습니다. 그러니까 우리가 알고 있는 알렉산드로스의 제국은 고작 13년 시기를 말하는 거예요. 이걸 '제국'이라고 말할 수 있을까요? 앞서 말씀드린 500년 파르티아에 비하면 '국가'라고 말하기도 민망한 수준입니다.

게다가 마케도니아 병사 대부분은 비옥한 오리엔트 땅에 머물러 살기를 원하며 고국 마케도니아로 돌아가기를 거부했습니다. 비옥한 오리엔트 땅에서 지내다가 죽어요. 그러니까 총칼로 영토를 넓히다가 13년 만에 사라진 거예요. 그 짧은 기간 동안 문화적, 정치적으로 무슨 영향을 끼쳤겠어요. 알렉산드로스는 서양인들이 볼 때 오리엔트를 최초로 정복한 인물일 뿐입니다.

기원후 395년 로마제국은 서로마제국과 동로마제국(비잔틴제국) 둘로 나뉩니다. 그러다가 서로마제국은 게르만족에 의해 무너지지요. 동로마제국은 이후 1000년 넘게 유럽의 중심 국가로 지속되다가 1453년 오스만제국에 의해 멸망합니다.

이 시기 중동 지역에는 사산조 페르시아가 있었습니다. 226년에 성립해서 651년까지 약 430여 년간 중동 지역을 지배했지요. 동로마제국과는 300여 년에 이르는 긴 시간 동안 치열한 전쟁을 치릅니다. 인류 역사상 가장 긴 소모전으로 기록되고 있어요. 당시 두 나라는 과거 소련과 미국만큼이나 강력한 라이벌 국가였습니다. 어쨌든 오랜 전쟁으로 주민들의 삶은 피폐해질 대로 피폐해집니다. 자, 바로 이 시기에 이슬람교의 창시자 무함마드(AD 571~632)가 등장합니다. 아무것도 예측할 수 없는 '정치적 블랙홀' 상태에서 평화와 평등을 역설하면서 말이지요. 이후 1400년에 이르도록 이슬람교는 수많은 사람들의 삶에 지대한 영향을 미칩니다.

세종대왕과 이슬람의 과학기술

이슬람교가 전파된 지역은 예외 없이 지금도 같은 종교로 남아 있습니다. 세계사의 풀리지 않는 미스터리 중 하나입니다. 학자들조차 뭐라고 설명하기가 참 어려워요. 만약에 제국이 침략해서 무력으로 개종시켰다면 나중에 그 제국이 쇠퇴했을 때 다시 원래로 돌아가야 하잖아요. 이유는 이슬람교의 가르침에서 찾아야 합니다. 이슬람교는 인류 역사상 처음으로 토지 공개념 제도를 도입합니다. 정복 전쟁을 통해 아라비아반도를 통일한 무함마드는 어떤 땅이든지 마음 놓고 경작하되, 약 25퍼센트를 토지세로 국가에 내도록 했습니다. 역사상 처음으로 사유재산을 인정한 겁니다. 그동안 동로마제국과의 전쟁에서 지칠 대로 지친 사람들로서는 300년 만에 경험하는 '예측 가능한 경제'였습니다. 수탈과 약탈에 익숙해진 이들에게 이것은 혁명적인 삶의 변화였습니다. 게다가 이슬람으로 개종하는 사람에게는 약 10퍼센트의 주민세를 면제해줬습니다. 여러분이라면 개종을 하겠어요, 안 하겠어요? 엄청난 수의 사람들이 이슬람교로 개종합니다. 역사를 살펴보면 그 어떤 경우도, 이념이 민생을 앞선 적이 없습니다. 종교도 마찬가지예요. 인권과 평화와 자유, 이런 추상적 개념은 먹고사는 일이 정리된 다음입니다.

그러나 이때도 기독교인과 유대교인 들은 지조를 지킵니다. 지금도 이란, 모로코, 터키 등지에 유대 공동체들이 있어요. 이슬람 지역에 사는 기독교인도 2000만 명이나 된다고 합니다. 그야말로 '오리지널 크리스천'이지요. 유럽에서 탄압받던 기독교가 허용된 게 313년 콘스탄틴 황제의 개종 이후잖아요. 예수님이 탄생한 게 300년 전이니까 그 사이에 기독교인들은 다 어디에 있었겠습니까. 중동 지역에 남아 자신들의 신앙을 지키며 살아왔던 거예요. 그런 사람들 앞에서 팔레스타인 지역의 죄 없는 사람들을 죽이고 유대 국가를 건설하겠다며 강제로 땅을 빼앗는 건 외려 종교에 대한 모독일 뿐입니다. 기독교와 유대교, 이슬람교가 평화롭게 공존하던 지역에 분쟁을 씨앗을 뿌린 거예요.

자, 그럼 이제 르네상스 시대로 넘어가 보겠습니다.

역사적 연원을 따져보면, 메소포타미아 문명이 스페인의 톨레도(Toledo)를 거쳐서 로마의 피렌체에 전해지면서 르네상스가 일어납니다. 이것은 다시 중앙아시아로 가서 무굴제국의 타지마할을 만들고 원나라, 명나라를 거쳐 조선으로 이어집니다. 이처럼 르네상스라는 게 이탈리아의 특별한 천재들이 고안해낸 게 아니에요. 세계와의 상호 유기적인 관계 속에서 탄생한 것입니다.

아시다시피, 서로마제국이 멸망하고 게르만족이 대이동을 시작한 5세기경부터 르네상스가 시작되는 14세기 이전까지 유럽은 암흑기였습니다. 지구가 둥글다고 말하려면 목숨을 걸어야 했고, 대부분 사람들은 배를 타고 계속 가면 지구 바깥으로 떨어져 죽는다고 생각했지요. 이때 이슬람 과학은 눈부시게 발전합니다. 예컨대 이때 이미 1태양년의 길이를 계산해서 365.2422일이라는 결과를 얻어요. 이는 지금의 과학적 결과와도 일치합니다. 그들이 소수점 네 자리까지 정확하게 1년의 길이를 계산할 때 유럽은 지구가 둥글까 평평할까를 두고 옥신각신했던 거예요. 문명 수준의 차이가 하늘과 땅이었습니다.

그러다 유럽에 르네상스가 찾아오지요. 레오나르도 다빈치, 미켈란젤로 같은 불세출의 천재들이 놀라운 성취를 만들어냅니다. 우리가 교과서에서 배운 바대로라면 말이지요. 하지만, 이것은 문화적으로 있을 수 없는 일입니다. 물론 레오나르도 다빈치가 천재적인 예술가이자 과학자인 것은 분명합니다. 하지만 우리가 놓치는 부분이 있어요.

당시 스페인 중부도시 톨레도에는 제로노미스 수도원이 운영하는 세계 최대의 번역소가 있었습니다. 유럽 전역에서 몰려든 360여 명의 전문 번역가들이 여기서 이슬람 과학 서적들을 라틴어로 번역해요. 이 책들이 이탈리아 로마와 피렌체로 가면서 르네상스의 지적 원동력이 되는 겁니다. 아까 말씀드렸다시피 스페인은 800년 동안 이슬람 지배하에 있던 지역입니다. 당연히 이슬람의 앞선 문명이 전파되었지요.

이슬람의 앞선 문명은 우리나라에도 영향을 미칩니다. 조선 시대, 그러니까 세종대왕 때 우리나라에 놀랄 만한 과학혁명이 일어납니다. 여러분도 역사 시간에 배웠을 거예요. 측우기를 발명하고 해시계, 자격루 등이 등장하지요. 그런데 여기서 우리가 모르는 게 있어요. 고려 무신정권이 끝나고 80년 동안 우리나라는 몽골의 지배를 받습니다. 그때 인문학적 유산들이 불타버려요. 팔만대장경 하나 건졌을까요, 지금껏 남아 있는 게 없습니다. 1392년 이성계가 조선을 건국하고 태종 이방원의 시대까지 왕자의 난을 겪지요. 정치적으로 사회적으로 매우 혼란했습니다. 그런데 갑자기 태종의 아들 세종이 등장해서 세계 최고 수준의 과학 기구와 훈민정음, 각종 역법서들이 줄줄이 나옵니다. 이건 논리적으로 있을 수 없는 일입니다. 그렇잖아요?

물론 세종은 매우 탁월한 군주였습니다. 이와 관련한 일화가 있지요. 세종 때 9년간 가뭄이 들어서 백성들의 삶이 심각한 위협에 빠집니다. 세종이 행차 중에 보니 광화문 도로 양옆에 가마니 더미가 있어요. 이게 뭐냐고 물으니까 신하들이 다음 달 지방으로 내려보낼 곡식이라고 합니다. 영민한 세종이 이를 믿을 리가 없죠. 썩은 냄새가 나거든요. 아니나 다를까 가마니를 뒤집어 보니까 시체들이 쌓여 있어요. 가뭄에 굶어 죽은 사람들이었습니다. 세종은 궁에 돌아가서도 잠을 이루지 못합니다. 어전회의를 소집하죠. 신하들로 하여금 대책을 내놓으라고 합니다. 심지어 백성이 굶주려서 죽어가는데 임금인 내가 원앙금침에서 잠을 잘 수 없다 하여 경복궁 뜰에 별도로 전각을 지어 거기서 지냅니다. 노회한 신하들은 젊은 왕의 혈기에 찬 행동이겠거니 합니다. 며칠 버티다 나오겠지 싶었던 거예요. 그런데 웬걸요. 옥체를 보존하라는 신하들의 만류에도 무려 1년 4개월 동안 그곳에서 지냅니다. 역사상 이런 지도자가 없습니다.

그리고 여기에 이슬람의 앞선 과학기술이 더해지지요. 예컨대 세종은 농업 생산성을 높이고자 당시 최측근인 정인지에게 방법을 묻습니다. 그러자 그가 말하길 농민들이 중국 역법을 기준으로 농사를 짓다 보니 우리 절기에 맞지 않아 파종 시기를 놓치거나 낭패를 보는 일이 비일비재하다고 합니다. 세종은 우리 사정에 맞는 정교한 역법을 만들라고 지시합니다. 그런데 머리를 쥐어짜도 답이

안 나오자 정인지는 중국에 다녀오겠다고 합니다. 당시 최고의 역법 전문가였던 김담, 이순지가 동행합니다. 그들은 중국에서 수시력을 연구합니다. 이게 뭐냐 하면 회회역법, 즉 이슬람 역법을 토대로 만든 거예요. 우리 실정에 맞을 리가 없죠. 이에 정인지 일행은 수시력의 토대가 된 이슬람 천문학과 역법을 연구합니다. 이슬람 과학의 메커니즘을 완벽히 터득해 와서 우리 현실에 맞게 고치죠. 그렇게 완성한 게 바로 『칠정산외편』(1442년)입니다. 조선 역사상 가장 뛰어난 역법이자 오늘날 우리가 쓰는 음력의 기초예요. 말하자면 한국의 음력은 이슬람 역법의 한국 버전인 겁니다.

우리가 유럽의 시각에서 세계사를 이해하다 보면 이런 중요한 맥락을 놓치게 됩니다. 그래서 세계를 바라볼 때 균형 잡힌 시각을 유지해야 해요. 유럽 사람들이 이슬람을 경계한다고 해서 우리까지 그럴 필요는 없어요. 인류의 역사는 다양한 문화가 섞이면서 발전해왔습니다. 역사를 공부하다 보면 서로 다름에 대한 존중이 역사 발전의 근본임을 깨닫게 됩니다. 이슬람을 이해할 때도 이런 인식이 필요하다는 말씀을 드리면서 오늘 강연을 마치겠습니다. 감사합니다.

다수를 위한 소수의 희생은 정당한가?

5강

'자기 이유'를 가지고 살아갈 힘

고병헌

고
병
헌

고려대학교 교육학과를 졸업한 후, 미국 아메리칸대학교에서 일반교육학으로 석사학위를 받았다. 그 후 영국으로 건너가 글래스고대학교와 런던대학교 교육전문연구원에서 시민교육으로서의 평화교육을 공부하였고, 고려대학교에서 교육철학 전공으로 박사학위를 받았다. 성공회대학교 교양학부 교수로 있다. 쓴 책으로는 『평화교육사상』, 『협동과 연대의 인문학』(공저), 『교사, 대안의 길을 묻다』(공저), 『희망의 인문학』(공역) 등이 있다.

오늘 강의는 '평화를 가르치는 것'과 '평화를 사는 것'의 차이에 대한 이야기에서 시작해볼까 합니다. 어떤 가치를 가르치는 것과 그 가치를 자신의 삶의 결에 녹여서 그렇게 사는 것의 차이, 저의 경우는 전자에서 후자로 관심의 초점이 이동했음을 미리 밝힙니다.

평화를 배운다는 것

저는 평화교육을 주제로 박사학위 논문을 준비할 때 평화교육의 목적, 목표가 무엇이어야 하고, 그러한 목적, 목표를 실현하는 데 적합한 교육 내용과 방법은 어떠해야 하는지에 대해서 온통 제 관심을 집중했습니다.

그런데 학위를 끝내고, 교수가 되고, 또 지금까지 짧지 않은 시간을 학교 안팎에서 다양한 사람들을 대상으로 강의해오면서 '평화'라는 주제는 '어떻게 가르칠 것인가'보다는 '어떻게 살 것인가'라는 시각에서 접근하는 것이 훨씬 더 중요할 뿐만 아니라 강의를 듣는 사람들에게 현실적으로 다가갈 수 있겠구나 하는 자각이 자연스레 생겨났습니다.

'가르치는 것'에서 '사는 것'으로, 즉 '앎'에서 '삶'으로의 시선 이동, 이런 변화로 인해 '평화'라는 개념과 '교육'이라는 용어를 어느 순간부턴가 연결해선 잘 쓰질 않게 되었고, 대신 '평화'라는 말을 가급적 쓰지 않으면서도 평화를 '이야기'할 수는 없는지 고민하고 있는 제 모습을 발견하게 됩니다. 그리고 이런 변화를 저 자신은 긍정적으로 보고 있음을 고백합니다. 왜 그렇게 생각하는지 언뜻 잘 이해가 되질 않는 분들을 위해서, 교사 양성과정 교육이나 현직 교사 직무연수 교육을 예로 들어 부연 설명을 하겠습니다.

지금까지 한국의 교사교육은 주로 수업 방식과 가르칠 내용을 구성하는 방법에 초점을 맞춰왔지요? 하지만 '평화'라는 주제에 대해서 이야기를 하려면 무엇보다도 먼저 평화를 이야기하는 자기 자신과 그 이야기를 듣는 사람에 대해 알아야 합니다. 어떤 내용을 가르치든, 그리고 그 교육내용이 얼마나 최신, 혹은 최고 품질의 것이든 관계없이, '교육내용'이라는 것은 그 수업(혹은 강의)을 통해서 전달되어야 할 일종의 '수하물'(手荷物)에 다름 아니며, 이는 '평화'라는 주제에 대해서 이야기할 때도 예외는 아닐 것입니다.

그런데 교육내용이라는 수하물은 다른 일반적인 수하물들과는 다릅니다. 일반적으로 교육내용을 전달하는 과정의 시작은 학생에 대한 교사의 판단이라고 할 수 있는데, 평화와 같은 주제에 대해서 이야기할 때에는 그 이야기를 듣는 사람에 대한 이해가 내용을 잘 전달하고 공유하는 데 있어서 훨씬 중요합니다.

교사는 학생을 마치 정보를 꽉 채워 넣어야 하거나 프로그래밍되어야 할 대상으로 볼 수도 있지만, 반대로 매우 복잡한 인격적 유기체로서, 당면 과제나 직면한 문제를 헤쳐 나갈 능력이 있을 뿐만 아니라 이 세상을 새롭게 해석하고 이해할 수 있는 '인간'으로 존중할 수도 있습니다. 교사가 어떤 인간관을 가지느냐에 따라 전달할 수하물의 내용과 포장 방식, 그리고 배달하는 방식 등이 달라지겠지요. '평화'라는 주제를 다루려는 사람이라면 특히, 그리고 당연히 후자의 시선에 설 필요가 있음을 강조하고 싶습니다.

학습의 방향과 내용, 방식 등은 학생에 대한 교사의 이해와 판단에 크게 좌우되기 때문에, 학생을 전인격적 존재로 존중할 수 있는 '시선'을 가져야 합니다. 이는 인권과 평화에 대해서 말하려는 사람이라면 반드시 갖춰야 할 기본적인 태도입니다. 지금까지 드린 말씀을 시각적으로 표현하면 다음과 같습니다.

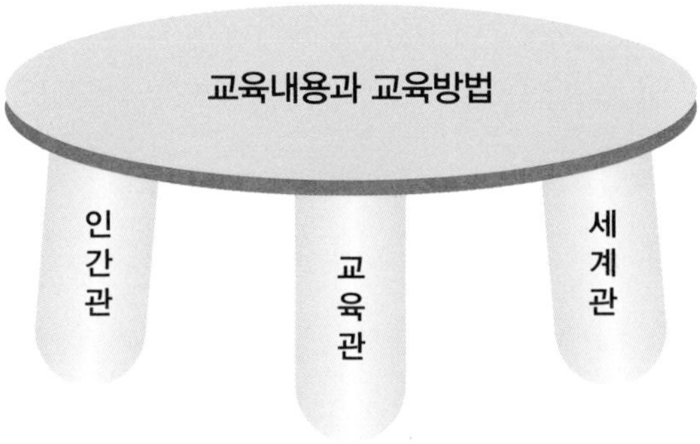

이 그림에서 윗부분의 타원은 흔히 '프로그래밍'되어야 할 학생들에게 집어넣을 지식과 정보, 그리고 그것을 전달하는 전통적 교육방식을 말하는 것입니다. 밑의 세 원기둥은 눈에 보이지 않지만

실제로는 학생들에게 훨씬 더 강렬한 영향을 줄 수 있는, 가르치는 사람의 삶에 체화된 여러 가치 체계를 표현한 것입니다. 외국에서 진행된 한 연구에 따르면, 윗부분이 줄 수 있는 영향력은 최대 7퍼센트를 넘지 못하는 반면, 학생들에게 93퍼센트 이상의 실질적 영향을 주는 것은 아랫부분, 즉 교사의 '존재' 자체라는 것입니다. 삶의 철학으로서의 평화는 개인적 차원에서 추구하는 아름다움의 속과 결에 평화를 짙게 묻어나게 하려는 노력을 해본 사람이, 그 경험을 일상적 용어로 '이야기'할 때 훨씬 울림이 크고 깊을 수밖에 없습니다. 학교, 가정, 교도소, 군대, 종교 시설, 그 어디든 마찬가지예요.

제가 '평화교육'이라는 용어 사용을 가급적 피하고 대신 '평화 이야기'라고 표현하는 것은 이런 문제의식의 반영입니다. 물론 '평화 이야기'가 최선의 그릇인지는 좀 더 치밀한 검토가 필요하겠지요. 인간의 삶을 대나무가 성장하는 것에, 그리고 나침반이 방향을 가리키는 것에 비유한다면, 대나무는 마디를 만들지 않고서는 자랄 수 없고 나침반은 진동한 후에라야 방향을 가리킬 수 있기 때문에 삶의 철학으로서의 평화는 대나무의 마디를 만드는 힘, 그리고 나침반이 진동할 수 있게 하는 힘으로 경험될 수 있어야 합니다. 그리고 그런 경험이 실현되려면 함께 나누려는 '교육 내용'이 전통적인 의미에서의 '교육'이라는 방식보다는 자신의 삶이 실린 '이야기'라는 형식이 훨씬 효과적일 수 있다고 생각합니다. 그러면 '평화'라는 단어가 등장하지 않는 '평화 이야기'에는 어떤 내용을 담을 수 있을까요?

서로가 삶의 스승일 수 있다

약간 생뚱맞아 보이지만 '스승'이라는 주제로 이야기를 시작하려고 합니다. 흔히 좋은 스승을 만나야 한다고들 말하지요? 그렇다면 우리는 좋은 스승을 기다리기만 하면 되는 걸까요? 삶에서의 스승은 '우연히 만나는 것'이 아니라 '의지를 갖고 찾는 것'입니다. 어떤 스승이 필요한지 스스로 분명하게 알고 있어야 해요. 그러면 자신에게 어떤 스승이 필요한지를 우리는 어떻게 알 수 있을까요?

한 번뿐인 삶을 살아가면서 실존이, 그리고 세상이 던지는 질문에 민감한 사람만이 스승을 찾겠다는 의지와 그런 스승을 알아볼 수 있는 안목을 가질 수 있습니다. 삶이, 세상이 던지는 무수히 많은 질문들을 알아채지 못하는 사람이 스승의 필요성을 알 리 없으니까요. 자기에게 필요한 책이 뭔지 모르는 사람은 책을 보는 안목도 없는 이치와 같다고나 할까요. 그래서 자기 삶을 성장시키는 데 도움을 줄 수 있는 스승을 '찾을' 수 있으려면 먼저 삶에 대해 질문을 던질 수 있어야 합니다. 한번은 수업시간에 한 학생으로부터 이런 질문을 받은 적이 있습니다.

"선생님, 대학교에서 열심히 공부하면 저도 나중에 행복할 수 있을까요?"

사실 행복한 삶에 대한 질문은 대학 때보다도 초·중·고등학교 때 이미 했어야 하지 않나 싶습니다. 그런데 이상하게도 고등학교 졸업 때까지 이런 고민을 해봤다는 학생을 거의 만나본 적이 없어요. 사실 기성세대인 부모나 교사도 마찬가지지요.

행복이 뭘까요? 불행한 일인지 당연한 일인지는 몰라도, 주변을 보면 깊은 행복감에 젖어 사는 사람을 만나기가 쉽지 않지요. 자녀의 행복을 위한다는 미명하에 자녀를 '잡는' 부모들, 유치원 때는 초등학교에서의 행복한 삶을 위해서, 초등학교에 와서는 중학교에서의 행복한 삶을 위해서, 중학교는 고등학교를 위해서, 고등학교 때는 독하게 마음먹고 대학 진학을 위해서 3년을 헌납하고, 그렇게 들어간 대학에서는 취직을 위해서, 취직하고선 승진을 위해서…, 이런 식으로 다음 순간의 행복을 위해 기꺼이 지금의 불행을 참고 견딥니다. 진정 행복이 무엇인지 맛본 사람들보다는 오히려 한 번도 손에 쥐어보지 못한 행복을 '좇다가' 불행의 구렁텅이에 빠져 허우적거리는 사람들이 많아요. 과연 소박하게나마 진정한 행복을 맛본 사람이 얼마나 될까 의심스럽습니다. 진정한 행복을 찾으려면 모범이 있어야 합니다. '나도 저렇게 살고 싶어!'라는 마음을 일게 하는 본(本)이 있어야 해요. 그러면 행복한 삶의 본이란 어떤 것일까요? 이 문제를 '행복이란 무엇인가'라는 질문으로 바꿔서 생각해봐도 좋겠습니다. 외국의 어느 한 수도자가 행복 크기를 측정하는 다음과 같은 수식을 만들었다고 합니다.

행복 = 소비 ÷ 욕망

여기서 행복 지수를 높이는 방법은 두 가지가 있습니다. 하나는 자기 욕망의 크기가 어떻든 그것을 채우고도 남을 만큼의 소비력을 갖는 것입니다. 또 다른 방법은 소비력을 키우는 데 한계가 있음을 직시하고, 대신 욕망을 최소화하는 것입니다. 세계에서 가장 빈국(貧國)인 방글라데시 사람들의 행복 지수가 세계에서 11번째로 높게 나타날 수 있었던 이유를 설명할 수 있는 것은 분명 후자의 방식일 것입니다. 그들은 매우 검소하면서도 '자연스러운'(즉, 인공적인 것이 아닌) 욕망, 욕구를 가지고 살아가고 있다고 하네요. 그런데 우리는 어떤가요? 자기의 욕망이나 욕구가 자연스러운 것인지, 또 건강한 것인지를 따져보지도 않은 채 눈덩이처럼 커져만 가는 오염된 욕망과 욕구를 충족시키기 위해서 '소비력'을 키우려고 안달하며 살아가지는 않나요? 그 결과, 길거리를 가든, 대중교통을 이용하든 만나는 사람들 대부분 화난 표정, 짜증 난 표정, 얼빠진 표정이 아니던가요?

자, 이런 현실에서, 평화 충만한 삶을 살아보겠다는 당신, 주변 사람들과 평화로운 관계 맺음을 이야기해보려는 당신은 어떤 삶을 꿈꾸며 살아가야 할까요? 물질적 풍요를 통한 행복을 원하나요, 아니면 법정 스님이 보여주신 '무소유'의 행복을 소박하게나마 흉내 내보려고 노력하시나요? 여기서 중요한 것은, 어떤 행복을 추구하는가에 따라서 삶의 길도 두 갈래로 나뉘고, 어느 길을 택하든 그 길을 먼저 걸었던 사람들 중에서 스승을 찾게 될 것이라는 사실입니다. 그것이 책이든, 사람이든 말이지요.

잘한 것인지는 확신할 수 없지만, 대학교에서 열심히 공부하면 행복해질 수 있느냐고 물었던 그 학생에게 저는 이렇게 대답했어요. 공부는 바로 우리 삶과 관련해서 중요한 질문을 할 수 있는 힘, 그리고 그 질문에 답을 할 수 있는 힘을 길러주는 것이다. 그러니 자신의 한 번뿐인 삶을 헌신해서 실현하고 싶은 행복이 무엇인지, 아니 무엇이어야 하는지에 대해서 우선 열심히 공부하라고 말이지요. 그러면 그 과정에서 인생의 참 스승을 '찾게' 될 것이고, 그 스승이 걸었던 삶의 길이 내게 여전히 매혹적이고 행복하게 느껴진다면, 그때는 지금 하는 공부가 내 삶을 행복하게 해줄 것이라는 믿음을 가져도 좋을 것이라고 말해줬습니다.

지금 여러분은 자신과, 그리고 이웃들과 평화로운 삶에 대해서 이야기하고 싶고, 가능하다면 오늘 '이야기'를 자신의 삶의 '이야기'로 써보고자 이 자리에 계신 것이겠지요. 오늘 우리가 나누는 '평화 이야기'를 통해서 서로가 그런 삶의 스승일 수 있다는 깨달음과 용기를 얻었으면 좋겠습니다.

삶의 '과정'에서 경험되는 평화, 자유, 행복

두 번째 이야기는 『글쓰기의 최전선』의 저자 은유가 시(詩)와 시의 암송 의미에 대해서 설명한 글로 시작해보고자 합니다.

8기 수업에서 허수경의 『혼자 가는 먼 집』에 실린 시 한 편을 암송한 어느 사십 대 여성 학인은 이런 후기를 남겼다. (…) 아무짝에 쓸모없(다고 여겨지)는 시 암송을 통해 '안다는 것'에 대해 진지하게 질문하고 있다. 그동안 오직 쓸모를 챙기기 위해 이루어진 지식의 축적에 물음표를 남겼다. 이것이 문학평론가 김현이 말한 문학의 '쓸모-없음'의 '쓸모-있음'으로의 이행이 아닐까 (…) 내남없이 그렇다. 학교에서 일터에서 가정에서 성장하는 동안 쓸모를 세뇌당한다. 쓸모 있는 사람이 되자. 쓸모의 척도는 물론 화폐다. 내 앎이, 내 삶이 교환가치가 있는가. 잉여가치를 낳는가. 제도교육은 남보다 교환가치가 있는 인간, 곧 임금 노동자가 되기 위한 혹독한 훈육 과정이다 (…) 이성복 시인의 시구대로 "모두가 병들었는데 아무도 아프지 않"은 상태로 일상이 굴러간다. 그런데 유용하지 않아서 억압하지도 않는 시. 이 시대에 쓸모없다고 취급받는 시. 언어들의 낯선 조합으로 정신을 교란시키는 시. 가장 간소한 물성을 가진 시를 통과하며 학인들은 자신에게 가해진 억압을 자각한다.*

쓸모를 세뇌당한다? 그럼 그런 세뇌를 저지르는 주범은 누구일까요? 일단, 많은 가정에서 '쓸모-있음' 세뇌가 일어나고 있음은 부인할 수 없는 분명한 사실이겠지요. 하지만 그보다 훨씬 더 체계적이고 집요한 방식으로 '쓸모-있음'을 세뇌하는 곳, 그래서 결과적으로 '쓸모-있음'의 경쟁체제 출발점을 가정으로까지 끌어내려 '조기화'(早期化)한 원인적 세력은 바로 제도권 학교입니다.

삶을 변혁하고 아름답게 만드는 데 있어서 신뢰받는 '앎', 이런 배움, 앎이 가능하기 위해서는 자신의 삶과 세상에 대한 질문이 있어야 가능하다는 사실은 앞에서 설명드린 바 있습니다. 삶을 살아가면서, 자기의 실존적 삶이, 그리고 세상이 던지는 수많은 질문들에 답할 힘을 길러주는 것, 이것이야말로 인간다운 삶을 영위할 수 있는 삶의 핵심 동력으로서의 배움입니다. '평화 이야기'는 바로 이런 '삶과 세상과 소통하는 앎'이 맞닿아야 힘을 가질 수 있다는 말입니다.

이처럼 '평화 이야기'가 '쓸모-있음'이 아닌 '쓸모-없음'의 가치를 통해서 "자신에게 가해진 억압을 자각"하게 되었다면, 그다음 단계는 자기 삶의 '주인 되기'입니다. 자기 삶의 주인이 된다는 말

---

* 은유, 『글쓰기의 최전선』, 2015년, 메멘토, 94~95쪽.

은 달리 표현하면 오염된 사회적 문맥에 과도하게 휘둘리는, 소위 현대판 '노예 상태'에서 벗어나 '자유함'을 체화하는 것을 뜻합니다. 자, 그러면, 삶의 철학으로서의 평화를 어떻게 '이야기'하면 좋을까요?

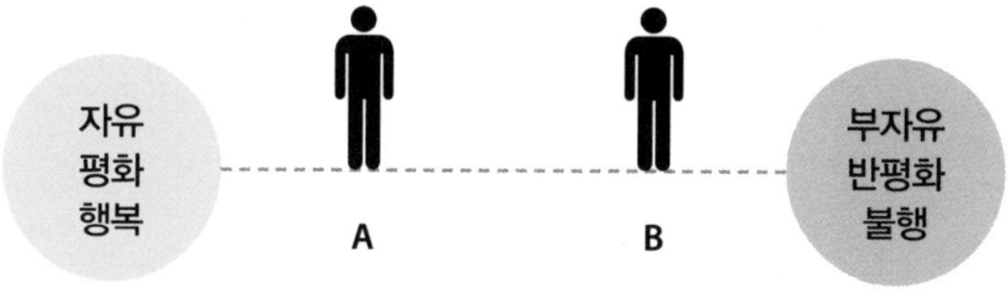

여기, 평화를 이야기하려는 두 사람이 있다고 합시다. 이들 중 한 명(B)은 세상의 영향력에서 결코 자유롭지 못할 뿐만 아니라 오히려 세상의 이런저런 기준과 '일반화'된 생각에서 거의 벗어나지 못한 상태에 있고, 다른 한 명(A)은 여러 가지 삶의 조건이 녹록지는 않음에도 '영혼이 자유로운' 삶을 살아보겠다고 노력한다고 합시다. 이제 이 두 사람이 '자유'나 '평화', '행복' 등과 같은 가치를 어떻게 가르칠지를 생각해봅시다.

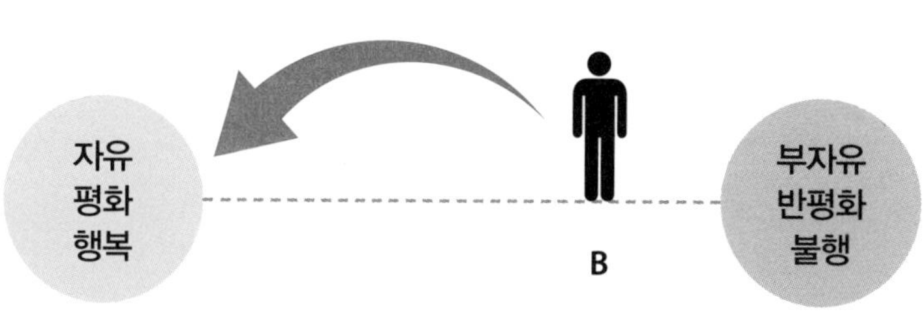

아마도 B 위치에 있는 사람은 살면서 직접 경험해본 것이 아니기 때문에 분명 평화나 자유, 행복 등의 가치에 '대해서' 지식과 정보를 전달하는 수준을 벗어나지 못할 가능성이 매우 높습니다. 한마디로 '평화'를 '교육'할 가능성이 높은데, 사실 우리 사회에서 진행되어온, 인권이나 평화, 환경, 생태 등의 주제들에 관한 시민교육 프로그램들 중에서 적지 않은 것들이 이런 수준에서 벗어나지 못했습니다. 그래서 시민들의 가슴 속에 진동과 감동을 일으킬 수 없었지요. 즉, 문제는 이런 식의 접근은 가장 손쉽긴 하나 거의 기대 효과가 나타나지 않는다는 것입니다. 지식과 정보를 주입하고 축적시키는 방식의 '교육'은 소위 '전문인', '숙련공'을 양성하는 데는 어느 정도 효율적일 수는 있습니다. 그러나 사람의 성장을 지원하고 다른 사람, 다른 생명체, 그리고 세상과 소통하면서 인간답고 행복한 삶을 지원하기는 어렵습니다.

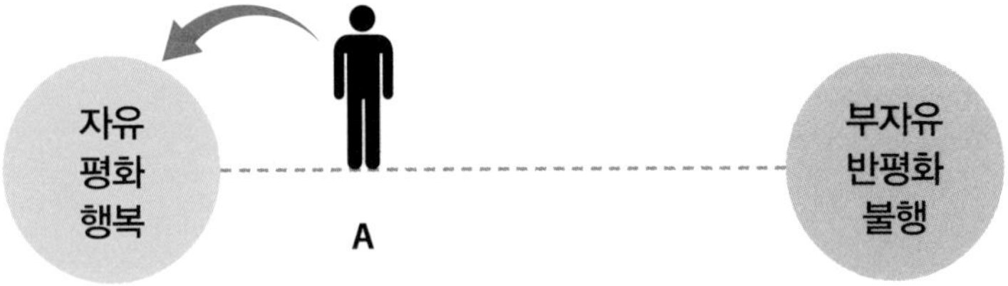

반면, 삶의 수준이 A 지점에 이른 사람은 자유나 평화, 행복에 '대해서' 가르쳐보겠다는 욕심이 애초에 없을 거라 믿어요. 대신

지금의 삶의 조건, 현재 세상의 영향력하에서 '자유함'에 이르는 길을, 그리고 삶의 철학으로서의 평화가 어떻게 행복한 삶을 가능하게 해주는지를 가르치려고 하겠죠. 아마도 자신의 삶의 모습을 보여주는 방식으로, 자신의 실존적 삶이 실린 '이야기'를 통해서 느낌, 감정, 의지, 용기 등을 공유하려고 하지 않을까요? 자유, 평화, 행복이 무엇인지에 '대해서' 말해주는 접근 방식은 전적으로 '결과'에 초점을 맞춘 것입니다. 그러나 삶의 철학으로서의 평화는 '지금, 여기, 이 순간의 행복'이 어떻게 가능할 수 있는지를 각자의 일상에서 실제로 경험하고 깨달을 수 있게 배려하고 격려하는 '과정' 지향적 '이야기' 방식을 취해야겠지요. 사실 삶의 핵심 동력인 자유나 평화, 행복감 등과 같은 것들은 삶의 '과정'에서 경험되는 것이지, 삶을 희생시켜서까지 '결과'적으로 손에 쥐어야 하는 그 무엇일 수 없으며, 또 그래서도 안 되지 않겠습니까!

오래전 연구실 조교를 할 때 있었던 일입니다. 제 스승께서 정년퇴임 하시기 전 마지막 5년을 모셨는데, 연구실 방을 완전히 정리하시기 닷새 전쯤인가 "고 군, 할 말이 있네." 하시면서 차나 한잔하자고 하셨습니다. 두 가지를 말씀해주셨는데 그중 한 가지가 "마음에 스승을 모시게나"였습니다. 당신께서 짧지 않은 삶을 살아오면서 참으로 많은 우여곡절이 있었고, 그중에는 감당하기 힘든 것들이 있어서 삶이 꺾일 뻔했던 적도 있었다고 하셨습니다. 특히 자식 문제가 걸리면 시쳇말로 '삶의 스타일을 구길' 수 있으니

조심하라는 말씀도 덧붙이셨습니다. 그러면서 하시는 말씀이 이렇습니다.

"지금 와서 생각해보면, 철학의 힘도, 다른 어떤 믿음도 아니라 '스승의 존재'였던 것 같네. 내가 이 순간에 삶의 스타일을 구기면 결국 나의 스승에게 욕될 수 있겠구나 하는 생각이 그 감당키 힘든 고비 때마다 쓰러지지 않도록 나를 지켜준 힘이었던 것 같네. 그러니 고 군, 자네도 마음에 스승을 모시게나."

스승께서는 학문적으로는 세계적으로 유명한 페스탈로치(Pestalozzi) 전문가이셨지만, 그분 삶의 스승은 바로 김교신 선생님이셨습니다. 책상이 맞닿은 벽 한가운데 모셔진 김교신 선생님의 사진을 보면서 그 숱한 유혹과 어려움들로부터 당신의 '교육자다움'을 지켜오셨지요. 당신의 스승인 김교신 선생님에게서 발견하고, 배웠고, 의지했던 그 '교육자다움'을 다시 제자들에게 '본(本)이 됨'의 방식으로 대물림하셨던 것입니다. 삶의 철학으로서의 평화를 이야기하는 것도 마찬가지가 아닐까 하는 생각에서 제 스승의 일화를 말씀드렸습니다. 현실과 세상을 그 자체로 경험할 수밖에 없는 여러분의 자녀나 제자들이 살아가면서 맞닥뜨리게 될 수많은 실존적 어려움을 장애가 아니라 대나무의 마디가 되는 계기로 경험하는 데 있어서, 여러분의 존재가 든든한 버팀목, 비빌 언덕이 되길 바라는 마음에서 말입니다.

삶의 핵심 동력인 자유나 평화,
행복감 등과 같은 것들은 삶의 '과정'에서
경험되는 것이지, 삶을 희생시켜서까지
'결과'적으로 손에 쥐어야 하는
그 무엇일 수 없으며,
또 그래서도 안 되지 않겠습니까!

삶의 문맥을 짓는 힘

그런데 현실에서는 이렇듯 앎과 삶이 일치하고, 서로 신뢰할 수 있는 '평화 이야기'를 실천하는 것이 말만큼, 생각만큼 쉽지 않다는 사실을 곧 경험하게 될 것입니다. 이 문제와 관련하여, '폭력'에 대해서 잠시 생각해보려고 합니다. 현대 세계에서 경험되고 있는 다양한 유형의 폭력들을 정리하면 크게 다음 세 가지 범주로 나뉩니다.*

■ 물리적(직접적) 폭력: 구타나 전쟁, 학교에서의 집단 괴롭힘 등과 같이 신체나 정신에 직접적으로 해를 끼치는 행위

■ 구조적(간접적) 폭력: 법이나 제도, 혹은 조직의 규칙 등이 사람들 사이의 올바른 관계나 시장(市場)에서의 정당한 거래를 왜곡시킴으로써 사회체제에서의 약자들에게 불리하게 작용하는 제반 제도적, 법적, 관행적 힘(경제력에서 신용도가 낮은 사람이 대출을 받기 힘든 것도 구조적 폭력의 사례에 해당함)

■ 문화적 폭력: 직접 생명이나 신체, 정신에 위협적인 행동을 하는 것은 아니지만 사상이나 관습, 언어, 예술, 종교적 가르침 등 소위 '문화'를 통해서 사람들의 일상적 생활과 삶의 질에 큰 영향을 주는 현상. 민족이나 인종차별, 여성 비하, 외국인 혐오나 이주 노동자 차별, 종교 차별 등이 대표적 사례임

---

* 정주진, 『평화, 당연하지 않은 이야기』, 2013년, 다자인, 24~25쪽 참조.

그러면 이런 폭력들은 어떤 경로로 행사되는 것일까요? 물리적 폭력은 '직접적'으로 경험되는 반면, 나머지 두 유형의 폭력은 일상에서 '질문'으로, '시선'으로 행사되는 경우가 많지요. 뇌성마비 장애를 안고 태어나서 장애인권 운동가이자 여성운동가, 심리치료사, 작가, 화가로 활동하는 해릴린 루소(Harilyn Rousso)는 '무지(無知)한 사람들'이 자신의 몸을 훑는 시선 속에, 그리고 자신이 받았던 숱한 질문 안에 똬리를 튼 폭력성을 보았다고 말합니다. 예를 들어, "당신 뭐가 잘못된 거예요?", "정말 대단하세요!", "태어날 때부터 그랬어요?", "저 여자, 혹시 머리가 모자라요?", "나라면 집 밖으로 못 나갔을 거예요.", "나라면, 차라리 죽었으면 했을 거예요.", "만약 선택권이 있다면, 정상인이 되고 싶어요? 내 말은, 지금도 잘살고 있는 것 같지만 말이에요.", "섹스도 할 수 있어요?", "남자친구 사귄 적 있어요? 그 남자도 불구였어요? 참을성이 대단한 사람이었나 봐요?", "정말 용감하세요." 등의 '질문들'은 해릴린에게는 참으로 참기 힘든 폭력으로 경험됩니다.* 오죽했으면 자신의 책 제목을 『나를 대단하다고 하지 마라 *Don't Call Me Inspirational*』라고 붙였을까요. 그런데 우리 아이들은 어떤가요? 물리적 폭력뿐만 아니라 언어적 폭력을 포함해서 온갖 종류의 폭력에 노출되어 있잖아요.

---

* 해릴린 루소(Harilyn Rousso), 『나를 대단하다고 하지 마라』(허형은 옮김), 2015년, 책세상, 40~41쪽.

여기서 우리가 주목해야 할 것은 '질문'이나 '시선', 혹은 일반화된 '생각' 등의 형식으로 자행되는 폭력은 소위 '극단적'이 아닌, '애매한' 모습을 띠는 특징이 있다는 사실입니다. 이게 도대체 성희롱인지 아니면 친근감의 표현인지 헷갈릴 때가 있어요. 바로 그런 지점(아래 그림의 주황색 부분)에서 일어나기 때문에 대응하기가 쉽지 않습니다.

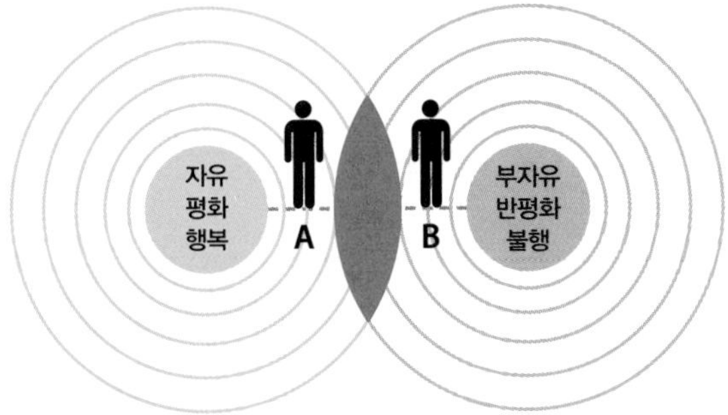

삶의 철학으로서의 평화 = 인권과 평화 감수성이 짙은 삶의 문맥

경험적으로 보면, '질문'이나 '시선' 형태의 폭력은 누구라도 쉽게 구별하고 느낄 수 있는, 노골적이고 극단적인 '지점'에서가 아니라 자유와 부자유, 행복과 불행, 폭력과 비폭력이 교차하는 지점에서, 사회적 차원보다는 개인적 삶의 영역에서 경험하게 될 가능성이 큽니다. 여기에 더하여, 우리의 삶은 한 가지 '시선'만이 아니라 다양한 '시선들'이 서로 교차, 충돌하는 현실을 살아가야 합니다. 그래서 다양한 가치와 시선들이 유기체적으로 녹아난 '문맥'으로서의 세계관이, 개인적 차원에서 추구하는 일상적 '아름다움'에

제대로 묻어나게 하는 것이 중요합니다. 이것이야말로 삶의 철학으로서의 '평화 이야기'의 핵심 과제가 아닐까 싶습니다.

'평화 이야기'는 다양한 시선과 가치들이 통합적으로 녹아난 세계관, 혹은 삶의 문맥을 짓는 힘을 지원함으로써 사람들이 자신의 일상에서 물리적 폭력을 넘어서서 스스로 '비폭력적 아름다움'을 경험할 수 있게 도와줄 수 있어야 합니다.

'자기 이유'를 가지고 살아갈 힘

"나 혼자 꿈을 꾸면, 그건 한갓 꿈일 뿐이다. 하지만 우리 모두가 함께 꿈을 꾸면, 그것은 새로운 현실의 출발이다."

오스트리아의 예술가이자 건축가이면서 철학자인 훈데르트바서(Hundertwasser)라는 사람이 한 말입니다. '꿈'을 가지고 사는 사람들에게는 공통된 특징이 있는 것 같습니다. 매사에 자신감을 가지고 '자유롭게' 살아간다는 그런 매력적인 특징 말입니다. 나를 변화시키고, 사회를 변화시키는 진정한 힘을 우리는 흔히 '꿈', '이상'으로 표현해왔지요. 미국 인권운동가 마틴 루터 킹 목사는 모든 인간은 피부 색깔에 관계없이 서로 평등하고 평화롭게 살 권리가 있다는 주장을 하다가 암살당합니다. 킹 목사가 암살당했던 결정적 이유는 바로 열흘 전에 미국의 수도 한복판에서 했던, "나에게는 꿈이 있습니다!"(I have a dream!)라는 그 유명한 연설 때문이었습니다. 그때까지만 해도 백인 인종차별주의자들은 흑인 인권운동 목사의 비폭력주의 평화운동이 미국 사회에 미칠 파괴력에 대해서 별로 심각하게 걱정하지 않았습니다. 그러다 흑인과 백인 할 것 없이 30만 명 이상의 미국 시민이 함께 모여 킹 목사의 연설을 경청하는 모습을 보면서 킹 목사의 '꿈'이 모든 미국 시민의 '꿈'이 될 수도 있겠다는 두려움을 느끼게 됩니다. 그래서 그들은 킹 목사를 암살합니다. 죽은 사람은 킹 목사이지만 사실 그들이 죽이고 싶었던 것은 킹 목사의 '꿈'이었습니다. 그러나 '꿈'은 오직 '실현'을 위해서 존재할 뿐, 결코 죽일 수 있는 것이 아니잖아요? 킹 목사가 암살된 직후, 세계적인 만화가 빌 몰딘(Bil Mauldin, 1921~2003)은 킹 목사보다 먼저 암살당했던 인도의 간디가 자기 돗자리 위에서 킹 목사를 천국으로 안내하기 위해 다정하게 환영하는 태도로 기다리고 있는 모습을 묘사하고 이렇게 덧붙입니다.

"암살자들의 희한한 점은 말이오, 킹 목사, 그들이 당신을 죽였다고 생각한다는 점이오."

이렇듯 '꿈'은 다른 사람이 어쩔 수 있는 것이 아닙니다. 다만 스스로 '포기'하거나 처음부터 꿈을 갖지 않을 뿐이겠지요. 한 인간을 위대하게 만드는 것은 결코 그 사람의 육체적 강건함이 아니잖습니까. 아무리 힘이 센 장사라도 모든 인간은 총칼 앞에 무력하기 그지없으며, 그 점에서는 킹 목사와 같은 위인들도 우리와 다를 바 없는 매우 미약한 존재였지요. 하지만 그들의 '꿈'은 총칼을 쥐고 세상을 호령했던 당시의 지배자들과 지배계급, 그리고 그들의 기득권을 무력하게 만들 만큼 강력했어요.

'꿈'을 가지고 사는 사람은 매사에 참으로 당당한 것 같습니다. '꿈'이나 '이상' 같은 것들을 성찰할 필요성을 전혀 느끼지 않으면서 기분대로 막살면 오히려 자유롭고 편할 것 같은데 실은 그 정반대임을 우리는 압니다. 성공회대학교 석좌교수를 지내셨던 신영복 선생님은 '자유'(自由)를 풀어쓰면 '자기(自己) 이유(理由)'를 가진다는 뜻으로 해석할 수 있다고 했습니다. 무엇을 하든 '자기 이유'를 가지고 살아가는 사람이 '참 자유인(自由人)'이라는 말인데, '한 번뿐인 삶'을 걸고 실현하고 싶은 '꿈'과 '이상'을 가지고 그것을 이루기 위해서 노력하는 사람이야말로 '참 자유인'이 될 수 있다는 말씀을 하셨던 것입니다.

이미 오래전부터 우리 사회에서는 "배운 사람이 더 한다"라는 말이 유행했습니다. 사실 우리 교육이 학식 있는 괴물, 숙련된 '소시오패스들'을 만들고 있지 않나 싶어요. 전문가일수록 학교에서 얻은 지식과 정보로 인류와 생태에 치명적 해를 끼치고 있으니 말이지요. 그래서 대학에서 교육학을 강의하는 사람으로서, 그리고 당신과 함께 이 땅의 한 구성원으로 책임감을 가지고 살아보려는 한 시민으로서 우리 청(소)년들이 열심히 공부해서 학식 있는 괴물들이 되는 것이 아니라, 자기 자신에게, 지역사회에서의 이웃들에게, 그리고 이 세상의 모든 사회적 약자들에게 '좋은 이웃'이 되었으면 좋겠다는 설레는 꿈이 있습니다. 자기 전문 영역에서 열심을 다해서 갈고닦는 학문과 전문 지식을 자기 자신과 다른 사람, 그리고 이 자연에 이로운 방향에서 활용할 줄 아는 지혜로운 사람이 되었으면 좋겠다는 소중한 바람 말이지요. 그리고 이 꿈을 여러분과 내가 이 순간 함께 꾸고 있다면 그것은 적어도 우리에게는 지금 이 순간 새로운 '현실'이 될 것으로 저는 믿습니다.

경쟁에 대한 대안적 이해

얼마 전까지 한동안 우리 사회에서 유행했던 '신지식인'이라는 말을 들어본 적이 있나요? 그리고 그 말에 이어 '천재 구원론'("능력 있는 한 사람이 10만 명을 먹여 살릴 수 있다")이 유행했는데, 이런 구호들은 경쟁력 있는 인간을 형상화하는 개념으로 평가받으면서 우리 사회에서 매우 강력한 영향력을 행사했고, 지금도 그 힘은 약해지지 않은 것 같네요. 그런데 이 개념들은 역사적으로 허버트 스펜서의 사회진화론의 '적자생존'과 맞닿아 있다고 볼 수 있습니다.

"가장 비열하고도 가장 경쟁력 있는 이기적인 인간만이 진화의 꼭대기에 올라설 수 있다"는 가설을 마치 부인할 수 없는 진실인 것처럼 믿고 있다는 의미에서 그렇습니다. 그런데 사회학자나 윤리학자도 아닌, 한 무리의 수학자들이, 그것도 20년에 걸쳐 진실로 무엇이 최선의 생존 전략인지를 연구한 적이 있습니다.

콜(K. C. Cole)은 『아름다운, 너무나 아름다운 수학』에서 "그 연구 결과가 가히 경악할 만하다"고 평가합니다. 연구에 참여했던 수학자들은 '적자생존'의 믿음과는 다른 결과, 즉 비열하고 경쟁밖에 모르는, 이기적인 인간보다는 인간성을 갖춘 사람이 오히려 먼저 목표에 도달할 수 있으며, 다양한 갈등 상황에서 승자를 가려내도록 고안된 토너먼트에서도 정상에 오르는 사람은 가장 사나운 친구가 아니라 협동심이 남들보다 더 많은 사람이라는 사실을 밝혀냅니다. 모순처럼 보이지만, 수학적 연구는 종(種)의 진화는 '아귀다툼'보다는 '협력하며 사는 것을 배우는 것'에 더 의존하게 된다는 '신적자생존론'을 탄생시킨 셈이지요. '신적자생존론'이란 '적자'(適者)가 생존할 확률이 높은 것은 변함이 없는데, '적자'가 반드시 가장 강하거나 가장 비열하거나 또는 번식에서 가장 생산적인 존재가 아니며, 오히려 자신의 목적을 위하여 협력하는 존재라는 점에서 허버트 스펜서의 '적자생존론'과 다릅니다. '신적자생존론'은 지구촌 시대, 다원주의 시대, 지식정보사회, '스마트 폰'에서 '스마트 오피스', '스마트 워크' 시대로의 진화로 특징되는 21

세기의 가장 설득력 있고 건강하며, 지속 가능한 생존 전략으로 다음과 같은 '정신'을 가지라고 요구합니다. "먼저 생각하라, 협동하라, 이웃의 성공을 배 아파하지 마라, 그리고 당신에게 해를 준 사람들을 용서할 마음의 태세를 갖추어라." 하고 말이지요.

문제는 우리 사회는 물론이요 학교나 심지어 가정에서조차도 '협력'이 얼마나 '생산적'일 수 있는지 경험할 기회를 전혀 주질 않고 무조건 경쟁에서 이겨야 한다고 몰아붙이고 있다는 사실 아니겠습니까! 이런 상황에서 경쟁 대신 협력의 능력을 키워나가는 것이 얼마나 힘든 일인지 잘 알잖아요. 경쟁은 무조건 나쁘다는 말씀을 드리려는 것이 아닙니다. 어떤 상황에서는 경쟁도 '순기능'을 할 때가 있겠지요. 물론 삶을 위한 교육에서 경쟁을 가르칠 필요가 있다면 그것은 다른 사람과의 경쟁이 아니라 자신의 가능성과의 경쟁이어야 한다고 믿고 있지만 말입니다.

소설가 박범신은 『산다는 것은』에서 산악인들이 높은 산에 오르는 방법*은 극지법 등반과 알파인 스타일의 등반 등 두 가지가 있

---

* 박범신의 설명에 따르면, 극지법 등반은 높은 정상에 오르는 것이 최종적인 목표이므로 그 목표를 위해 방대한 장비와 물자, 그리고 많은 전문 인력들이 동원되는데, 이러한 등반에서는 어떻게 산을 오르는가 하는 것이 아니라 얼마나 높이 오르는가가 가장 중요한 가치가 되기 때문에 대개 수단과 방법을 가리지 않고 어떻게 하든 좀 더 높은 곳을 정복하려고 한다는 것입니다. 반면, 알파인 스타일의 등반은 최종 높이보다는 등반하는 과정에 가치의 중심이 있다고 합니다. 즉, 일반적인 코스보다 더 위험한 새로운 코스를 선택하여 다른 사람이나 장비의 도움을 가급적 최소화하여, 오로지 오르는 사람의 고유한 판단과 감각에 의존해서 정상에 오르는 실존주의적 등반법이 바로 알파인 스타일의 등반이라는 것입니다.

는데, 전자는 힐러리 경이 에베레스트를 정복한 이후 세계 산악계에서 거의 사라졌으며, 단연코 후자가 오늘날 세계 등산의 주류 방식이라고 하면서, 삶의 길을 걸어가는 것도 이와 결코 다르지 않다고 말합니다. 물론 선택은 각자의 몫이라는 전제에서요. 그러면서 그는 각자의 '삶의 산행'을 어떻게 오르려 했는지 생각해보라고 조언합니다. 그는 지난 반세기 동안 "개발 이데올로기의 강력한 지원을 받으면서 아이로니컬하게도 '조용한 아침의 나라' 백성이었던 우리 모두의 가장 보편적인 삶의 방법"이 "어디서 어떻게, 무엇이 되든 상관없이, 일단 높이에 따른 '정상'만을 염두에 두고 오로지 '일등'만을 향해 달렸던 이 전근대적인 등산법"은 아니었는지 안타까워합니다. 그러면서 그는 우리의 삶이라는 것이 무조건 점수를 높여야만 하는 스포츠와는 질적으로 다르지 않으냐고, 그리고 우리에게 정말로 중요한 것은 '나의 정상'이 아니겠느냐고 반문합니다.

여러분이 내 친구가 서 있는 곳이 내가 오를 정상이 아닐 수 있음을 다른 사람들 마음에 새겨줄 수 있는 '사례'이면 좋겠습니다. 정신을 잃었다고 볼 수밖에 없는, 화폐 중심의 사회적 분위기에 휘둘려서 땅만 내려다보면서 남들 가는 길로 열심히 산을 오르다 보면 어느 순간(그곳이 대학이든, 직장이든) 내가 어디를 향해 걷고 있는지 극심한 혼란이 밀려오면서 그 자리에 주저앉거나 다시 돌아서 온 길을 걸어 내려와야 하는 일이 벌어질 수 있습니다. 그런 때, 정상은 다른 사람과의 경쟁보다는 친구와 이웃과, 다른 사람과의 협력을 통해서 가장 잘 오를 수 있다고 가르치려면 나부터 이런 믿음이 있어야 합니다. 그리고 이때, 삶의 철학으로서의 평화를 '이야기'하는 사람은 산을 오를 때 '찾는' 셰르파가 되어야 합니다.

'죽음'에 대한 성찰

이제 끝으로, '평화 이야기'에 담아야 할 주제 중에 '죽음'에 관한 성찰이 포함되어야 하는 문제에 대해서 생각해보고자 합니다.

최근 웰빙(well-being)에 대한 관심이 부쩍 증가하고 있습니다. 웰빙의 언어적 뜻은 '잘사는 것', 혹은 '잘 존재하는 것' 정도가 되겠는데, 여전히 많은 사람들은 웰빙을 '신체적 건강'의 틀 안에서만 이해하는 경향이 있는 것 같습니다. 웰빙을 '잘 죽는 것'(웰다잉, well-dying)이나 '잘 죽은 것'(웰데드, well-dead)과 쌍을 이뤄 생각하지 않기 때문에 그런 것이겠지요. 흔히 '죽음 대비 교육', 혹은 '죽음 교육'은 바로 이 웰다잉과 웰데드와 관련된 것으로, 웰데드에 대한 연구나 개념 분석은 거의 진행되지 않은 채 대체로 '죽은 자들의 인권' 차원에서 이뤄지는 것 같아요. 반면 웰다잉은 웰데드와는 달리 안락사, 존엄사 측면에서뿐만 아니라 자신의 한 번뿐인 삶의 가치를 좀 더 적극적으로 실현한다는 취지에서 사회적 관심이 조금

씩 커지고 있는 것 같아요. 이와 관련하여, 죽음학으로 유명한, 일본 조치대학(上智大學)의 알폰스 디켄(Alfons Deeken) 교수는 다음과 같이 말합니다.

> 죽음이 가져오는 비극의 체험은 인생에서 희망과 기쁨을 빼앗고 남은 인생을 원망 속으로 몰아가기도 하지만 타인의 고통을 이해하는 감성이 풍부한 인간으로 성장시킬 수도 있다.
> (교수신문, 2008년 12월 22일자)

알폰스 디켄은 죽음에 대해서 수동적으로, 소극적으로 대응함으로써 절망과 무기력에 빠지지 말고 능동적이고 적극적으로 받아들임으로써 인간적으로 성장할 수 있는 기회, 인생의 도전으로 삼으라고 조언했습니다. 다석(多夕) 류영모(柳永模, 1890~1981) 선생님의 일기(『다석일지』)에도 "나의 말은 죽을 때 필요하고 죽은 뒤에 필요한 말이다. 내 말은 죽음에 관한 말이기 때문이다. 죽음 공부야말로 마지막 공부요 귀중한 공부다"라는 글귀가 적혀 있습니다. 알폰스 디켄은 죽음을 인간의 성장, 인생의 도전으로 삼기 위한 한 구체적 방법으로써 죽음과 유머를 연결시키기도 하고, 특히 '죽음에 대한 준비 교육'을 초등학교 어린이들에게까지 확대하여 집단 괴롭힘이나 여러 가지 이유로 증가하는 자살에 대해서 스스로 이겨낼 힘을 길러줄 것을 제안하고 있습니다. 죽음을 앞둔 노년이든 죽음과는 아직 거리가 먼 어린이든, 삶과 죽음에 대해서 성찰하는 시간을 갖는다는 것은 인간다운 삶이 무엇인지에 대해서 성찰한다는 뜻이며, '평화 이야기'는 이렇듯 삶과 죽음이 순환하는 생명 과정에서 겪게 되는, 다양한 실존적 질문들에 답할 수 있는 힘을 길러줘야 한다고 생각합니다.

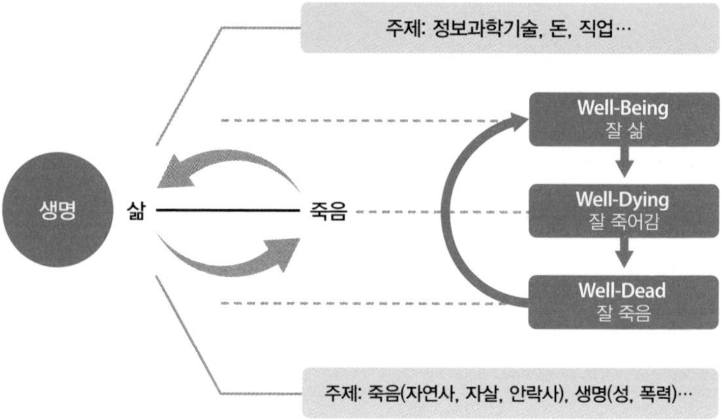

우리 인간의 생명은 '육체적으로 살아 있음'이라는 한 가지 본질로 되어 있는 '단핵(單核) 세포'가 아니라 이렇듯 삶과 죽음이라는 두 가지 핵(核)으로 구성된 '세포'입니다. 그리고 이 두 핵이 서로 순환하고 보완하면서 삶의 결을 만들어 가는 것, 이렇듯 삶과 죽음의 순환적 과정인 '생명' 작용을 우리는 통칭 '삶'이라고 불러왔습니다. '평화 이야기'는 이 '삶'의 과정에서 필연적으로 다룰 수밖에 없는 다양한 실존적 주제들의 영역에서 실현되는 개인적 차원의

'아름다움' 속에 폭력적인 것이 없게 하는 힘을 길러줄 수 있어야 합니다.

비폭력적 아름다움, 사실 인간이 발현할 수 있는 아름다움은 참 다양한 것 같아요. 우선 사람의 몸 자체가 주는 아름다움인 신체미 혹은 육체미가 있겠지요. 몸의 아름다움은 어린 생명일수록 더 돋보여서, 새 생명이 탄생하면 모두가 오로지 그 생명의 존재함(몸을 입음) 그 자체에 대해서 조건 없이 기뻐하고 감사하게 됩니다. 그런데 이 존재(몸)가 주는 아름다움은 청년기에 최고점을 찍고 꺾이게 되겠지요. 대신 나이를 먹어가면서 그에 걸맞은 새로운 아름다움을 얻어가게 되는데, 슬기롭고 총명한 아름다움(지혜미), 과도하거나 불필요한 욕심을 절제하는 아름다움(절제미), 남을 배려하며 함께 살아가는 아름다움(배려미), 생태와 사회의 지속성에 해가 되지 않는 삶의 아름다움(검소미)이 있습니다.

이런 맥락에서 볼 때, 사실 사람이 나이가 들어간다는 것은 신체미, 혹은 육체미와는 다른 아름다움을 더해간다는 긍정적 뜻으로 해석할 수 있음에도 적지 않은 사람들이 몸의 나이 듦에 대해서 많이들 힘들어하고, 심지어 부정하려고도 합니다. 참 안타까운 일입니다. 20~30대를 지나 40~50대에 접어든다는 것은 이제 인생이 끝나는 것이 아니라 젊었을 때는 엄두를 내지 못했던 또 다른 아름다움이 드러나는 나이대에 들어선다는 뜻입니다. 그래서 설레며 나이 듦의 길을 걸을 수 있기 위해서는 몸의 아름다움이 수그러드는 그 여백을 지혜미나 절제미, 배려미 등의 또 다른 아름다움들로 채워가는 준비와 노력을 꾸준히 해야 합니다. 그리고 무엇보다도 나이가 들수록 '끝마침의 아름다움'(유종미)을 추구해야 합니다.

유종(有終)의 미(美), 이는 삶의 전 과정에서 나타나는 다른 많은 아름다움들의 총합일 뿐만 아니라, 죽음 이후의 다음 세계(사후생)의 시작이라는 점에서 그 의미가 남다르다고 할 수 있습니다. 그런데 이 '유종의 미'도 결국 '삶의 남아 있는 시간'에 거두는 것입니다. 언제 죽을지 모르는 그 귀한 하루를 오늘 살고 있다는 마음가짐으로 하루하루를 살아가라는 경구는 바로 이런 삶의 깨달음, 지혜를 담고 있습니다. 그래서 젊었을 때도 물론 마찬가지지만, 육체적 삶의 시간이 많지 않은 노년에는 특히 더, 한 생(生)의 끝마침이 아름다울 수 있게 하는 '길'을 찾겠다는 마음가짐으로 남은 시간을 지혜롭게 보내야 할 것입니다.

한마디로, 흙으로 돌아가는 길을 잃지 말고 잘 걸어가야 한다는 말인데, 이때 필요한 것은 물질도, 현학적인 지식이나 정보도 아닌 지혜입니다. 그리고 이런 지혜는 삶의 과정에서 부딪히게 되는 수많은 '아픔들'을 통해서 숙성되고 커지는 것입니다. 따라서 다양한 이유에서 커다란 실존적 '아픔들'을 겪고 살아가는 사람들이야말로 자신의 '아픔들'을 다르게 해석할 수 있는 힘만 가질 수 있다면 그 누구보다도 의미 있는 '유종의 미'를 거둘 수 있을 것이라 믿습니다.

'평화 이야기'는 사람들에게 자신의 한 번뿐인 삶의 과정을 아름답게 마무리 짓겠다는 의지를 심어주고 그것을 실현하는 데 필요한 지혜와 힘을 지원할 수 있을 때 비로소 삶의 철학으로서의 힘을 가질 수 있을 것입니다. 오늘 이야기를 들어주셔서 감사합니다.